From the library of

SOPHENE

Published by Sophene 2023

The *History of the Armenians* by P'awstos Buzand was translated into English by Robert Bedrosian in 2010. Chapters 26-28 (Book V) translated by Beyon Miloyan. This edition is Volume II of II.

A searchable, digital copy of the English translation can be accessed at: https://archive.org/details/HistoryOfTheArmeniansByPawstosBuzand_569

www.sophenebooks.com
www.sophenearmenianlibrary.com

ISBN-13: 978-1-925937-78-7

ՓԱՒՍՏՈՍԻ ԲՈՒԶԱՆԴԱՑԻՈՅ

ՊԱՏՄՈՒԹԻՒՆ ՀԱՅՈՑ

ՀԱՏՈՐ Բ.

ՏՊԱՐԱՆ
ԾՈՓՔ
Լոս Անճելըս

P'AWSTOS BUZAND

History
of the
Armenians

IN TWO VOLUMES OF CLASSICAL ARMENIAN
WITH AN ENGLISH TRANSLATION BY
ROBERT BEDROSIAN

VOLUME II

SOPHENE BOOKS
LOS ANGELES

GLOSSARY

Aspet (*ասպետ*), probably a hereditary title for a clan chief (see "aspet" in the Encyclopedia Iranica).

Awag (*աւագ*), an elder, chief, or senior official.

Awan (*աւան*), a village, town or district.

Azat (*ազատ*), a member of the Armenian nobility, ranking below *naxarars.*

Azatagund (*ազատագունդ*), a military corps, unit or regiment composed of azats.

Azg (*ազգ*), a nation, people, race, tribe or lineage.

Banak (*բանակ*), an army, (military) camp, or a large, organized group of people.

Bidaxš (*բդե[ա]շ[խ]*), *a* senior government minister or secretary of state (see "bidaxš" in the Encyclopedia Iranica).

Bun (*բուն*), real, original or foundational; also, an expression of authenticity.

Dayeak (*դայեակ*), a guardian or a preceptor.

Dew (*դեւ*), demon (good or evil).

Hrovartak (*հրովարտակ*), a royal edict, decree or deed.

Mardpet[ut'iwn] (*մարդպետ[ութիւն]*), a eunuch chamberlain; mardpetut'iwn refers to the position or office of the mardpet.

Nahapet (*նահապետ*), a patriarch, a head of a tribe or clan, or an ancestor.

Naxarar (*նախարար*), a hereditary class of feudal lords and the highest ranking nobles in Armenian society (see "Naxarar" in the Encyclopedia Iranica).

Ostikan (*ոստիկան*), an individual in the Sasanian court who was close to the monarch, or a governor.

Pargew (*պարգեւ*), gift, award or favor.

Sepuh (սեպուհ), a junior class of Armenian nobility in medieval Armenia.

Sparapet[ut'iwn] (սպարապետ[ութիւն]), the commander-in-chief of the Armenian army (a hereditary position); sparapetut'iwn refers to the position or office of the sparapet.

Stratelate (ստրատելատ), an honorary Greek title for military generals.

Tachar (տաճար), a temple, banquet hall or a feast.

Tanuter[ut'iwn] (տանուտէր[ութիւն]), a patriarch, head of a noble house or clan, or a landlord.

Ter[ut'iwn] (տէր[ութիւն]), lord or master. Terut'iwn refers to lordship, authority or dominion.

Tikin (տիկին), "Lady" (as in noble woman), but also a title for a married woman (i.e., Mrs.). Tikinut'iwn is the adjectival form.

Tohm (տոհմ), a family, tribe, lineage or clan.

Tun (տուն), a house (e.g., residence), or a noble house, clan, lineage or dynasty.

Vardapet (վարդապետ), a doctor of the Armenian church.

TRANSLATOR'S PREFACE

The *History of the Armenians*, attributed to P'awstos Buzand, describes episodically and in epic style events from the military, socio-cultural, and political life of fourth century Armenia. This work is perhaps the most problematical of the Armenian sources, and one of the most tantalizing. The classical Armenian employed is rich and earthy; the style, clear and direct, perhaps reflecting the author's awareness that his work would be read aloud. Controversy surrounds almost every aspect of this *History*: the format of the extant (versus the original) text; the author's identity; and where, in what language, and when it was written. There is an extensive body of scholarly literature devoted to these and other questions. Below, briefly, we shall outline some of the major hypotheses.

The present text of P'awstos exists in four "Books" or *dprut'iwnk'*. Instead of being numbered Books I, II, III, and IV as one would expect, the first book of the extant text is titled Book III ("Beginning") and is followed by Books IV, V, and VI. The word "Ending" appears in the chapter heading of Book VI. The late fifth century historian Ghazar P'arpec'i cites a passage from the text of P'awstos which he claims was found in Book II.15; however, in our text this same passage is in Book IV.15. In other words, Ghazar's "P'awstos Book I" is now our Book III ("Beginning"). The Armenist S. Malxasyanc' speculated that this curious fact could be explained as follows: toward the end of the fifth century, after Ghazar P'arpec'i used it, the text of P'awstos Buzand was placed by an editor as the third history in a book of many histories. This would explain why the *History* opens with Book III, since the first two books were each one-book histories. Then, Malxasyanc' continued, the editor wrote in the words "Beginning" and "Ending" to inform the reader that this particular section was one complete history in the compilation. The editor's hand also is visible in the *History*'s two forewOrds; in tables of chapter headings arranged in lists preceding each book; in the chapter headings themselves; and in a statement at the end of Book III claiming that the work was written in the

TRANSLATOR'S PREFACE

fourth century by "the great historian P'awstos Buzand". Furthermore, Malxasyanc' noted that the fifth century editor employed the first person singular while the fourth century P'awstos Buzand used the plural when referring to himself.

There are references in the text to a P'awstos of Greek nationality (III, Ending), a bishop P'awstos who ordained the future Catholicos Nerses the Great deacon (IV.3), a P'awstos who was one of a twelve-member council to assist Nerses as Catholicos (VI.5), and a P'awstos who buried Nerses (V.24). If these are all the same figure and the author, then he would have been living in the 50s and 60s of the fourth century, during the time of Nerses. Now, because of P'awstos' appellation Buzand(eay) and the fact that he is said to be of Greek nationality, some scholars have argued that P'awstos was a late fourth century Greek bishop who wrote in Greek (his *History* being translated into Armenian in the fifth century); or perhaps he was an Armenian from Byzantine-controlled Western Armenia (Buzanda); a fifth century cleric educated in the Byzantine empire; or simply P'awstos from an Armenian town called Buzanda. The question of P'awstos' identity is by no means a new one. This question was raised already in the late fifth century by Ghazar P'arpec'i, who refused to believe that any bishop P'awstos could have included certain vulgar and anti-clerical passages that he laments discovering in P'awstos' *History*. The offended Ghazar thinks that the bishop's *History* was later corrupted by an uncultured person who assumed the distinguished name of P'awstos (after the bishop P'awstos found in the text) to increase the prestige of his compilation of stories (Ghazar P'arpec'i's *History of the Armenians*, I. 3-4). Who P'awstos was and what should be understood by Buzandeay are still unsolved problems.

The question of the dating of this work is of direct concern. Certain facts seem to place the author (P'awstos) in the fifth century. First, P'awstos is familiar with the name of only one Byzantine emperor (Valens) for almost the entire span of his *History*, i.e., A.D. 319-384, when in fact during this period emperors Constantine, Constantius, Julian, Jovian, Valens, Gratian, and Theodosius the Great ruled. Since Armenia was in frequent contact with Byzantium during that time, a fourth-century writer naturally would know the emperors' names. P'awstos, living in the fifth century, had only a vague recollection of fourth century emperors and so styled them all Valens. Again, P'awstos contends that the Armenian king Arshak (350-67) ruled during the time of the Iranian *shah* Nerseh (293-302) and the Byzantine emperor Valens (364-78), when in fact these last two autocrats were not even contemporaries. Another important proof of the *History*'s fifth-century date is its source material, which includes the Armenian translation of the Bible (430's) and Koriwn's biography of Mashtoc'. Finally, in Catholicos Nerses the Great's curse of the Armenian Arsacids which appears in IV.15, Nerses seems to prophesy the end of the Arsacid kingdom.

P'awstos lacks chronology in the strict sense: he does not mention in which king's regnal year an event occurred or how long each king reigned. However, he does know the correct sequence of Armenian kings from Xosrov II Kotak (330-39) to Varazdat (374-78) and mentions each one by name. Despite numerous problems associated with the text, P'awstos' information still has the greatest value; although he lacks numerical chronology, the thematic unity on occasion substitues for an absolute chronology. This is due to his systematic biases.

As a historian of the Mamikonean *naxarar* house, P'awstos' desire is to portray the Mamikoneans as the defenders *par excellence* of Armenia. To P'awstos, the Mamikoneans are not merely the only legitimate military defenders of the country, but also the loyal defenders of the Arsacid family, defenders of the Church, and defenders of *naxarar* rights. The contradiction which arises from the fact that P'awstos simultaneously has made the Mamikoneans defenders of kings and of the *naxarar*s—two usually inimical groups—appears to have been resolved by the author by a second assumption: that the Mamikoneans are in fact the equals of the Arsacids.

P'awstos' *History* is a treasure of early Armenian literature, invaluable for historians, anthropologists and linguists, for Armenists and Iranists. The present translation, which was completed in

TRANSLATOR'S PREFACE

1981, was made from the classical Armenian text of Venice.[1] For additional bibliography on P'awstos, see Malxasyanc' modern Armenian translation;[2] for more detail on P'awstos' biases, see *The Sparapetut'iwn in Armenia in the Fourth and Fifth Centuries*[3] and *Dayeakut'iwn in Ancient Armenia*.[4] For studies of the fourth and fifth centuries see *Studies in Christian Caucasian History* [especially part II, States and Dynasties of Caucasia in the Formative Centuries, and Part V, The Armeno-Georgian Marchlands]; [5] *Armenia and Georgia*;[6] and N. Adontz, *Armenia in the Period of Justinian*.[7] The transliteration employed in this translation is a modification of the Hubschmann-Meillet system.

Robert Bedrosian
New York, 1985

BIBLIOGRAPHY

1. Buzand, P. (1933; 4th reprint of the 1889 edition). *P'awstosi Buzandac'woy Patmut'iwn Hayoc'*. Ed. K. Patkaniean. San Lazzaro.
2. Malxasyanc', S. (1968). *Patmutyun Hayoc Pavstos Buzand; targmanutyune, neracutyune ew canotagrutyunnere S. Malxasyanci.* Yerevan.
3. Bedrosian, R. (1983). The Sparapetut'iwn in Armenia in the Fourth and Fifth Centuries. *Armenian Review, 36,* 6-45.
4. Bedrosian, R. (1984). Dayeakut'iwn in Ancient Armenia. *Armenian Review, 37,* 23-47.
5. Toumanoff, C. (1963). *Studies in Christian Caucasian History.* Georgetown.
6. Toumanoff, C. (1966). Armenia and Georgia. In J. M. Hussey (Ed.) *The Cambridge Medieval History, Volume IV* (pp. 593-637). Cambridge University Press.
7. Adontz. N. (1970). *Armenia in the Period of Justinian.* Peeters: Lisbon.

P'AWSTOS BUZAND'S
HISTORY
OF THE
ARMENIANS

VOLUME I

ՀԻՆԳԵՐՈՐԴ ԴՊՐՈՒԹԻՒՆ

Ա

Յաղագս թագաւորելոյ Պապայ յերկրին Յունաց, եւ գալոյ ի Հայս, եւ յինքն ունելոյ զաշխարհ իւր. եւ կամ որ ինչ միանգամ գործեաց, եւ յաջողեցաւ նմա:

Ապա յետ այսր ամենայնի Մուշեղ որդի Վասակայ ժողովեաց զամենայն ազատագունդ մարդկանն մնացելոյն որ միանգամ մնացեալ էին, եւ չոգաւ հանդերձ նոքաւք առ թագաւորն Յունաց: Եւ եցոյց զպաղատանս աշխարհին Հայոց, եւ զամենայն անցս տառապանաց որ անցեալ էր ընդ նոսա, եւ խնդրեաց ի կայսերէն զՊապ զորդի Արշակայ թագաւոր ի վերայ Հայոց աշխարհին: Մեծ թագաւորն Յունաց թագաւորեցոյց զՊապ զորդին Արշակայ ի վերայ աշխարհին Հայոց, որպէս եւ խնդրեաց նա ի նմանէ. եւ մենապէս թիկունք լինէրն արքայն Յունաց, եւ զՏէրենտ անուն ստրատելատն եւ զԱդէ ումն կոմս արձակէին ընդ արքային Պապայ յերկիրն Հայոց վեց հարիւր բիւրու:

Եւ եկին հասին ի սահմանս Հայոց. եւ Մուշեղ լինէրն զաւրավար սպարապետ Հայոց փոխանակ Վասակայ հաւր իւրոյ: Եւ գային ի մի վայր ժողովէին ամենայն ցրուեալք փախուցեալք թագուցեալք, որ էին յերկրին Հայոց, գային եւ ի մի վայր բովանդակէին, եւ լինէին ի խնդիր սրբոյն մեծի հայրապետին Ներսէսի թագաւորն եւ ամենայն մարդիկ աշխարհին Հայոց, մեծամեծք գաւառակալք եւ գաւառատեարք: Որք եկեալք ժողովեալք, զկաթողիկոսն զմեծն Ներսէս խնդրէին. զի գիտէին թէ նա կարող է աղաւթս առնել, եւ խնդրել յԱստուծոյ վասն շինութեան ամենայն աշխարհին Հայոց, եւ փրկել ի թշնամեացն. եւ դարձեալ զինչ եւ խնդրէր յԱստուծոյ, տայր Աստուած նմա. եւ միւս եւս, զի իմաստութեամբ իմն կարէր սոցա զաւգտակար խրատն մատուցանել:

FIFTH BOOK

I

PAP IS ENTHRONED IN THE COUNTRY OF BYZANTIUM; HOW HE CAME TO ARMENIA, TOOK THE LAND, AND WHAT HE DID AND HOW HE SUCCEEDED.

After all this, Mushegh, the son of Vasak, assembled the surviving *azatagund* people and went with them to the Byzantine emperor. [Mushegh] presented the entreaties of the land of Armenia and [an account of] all the calamitous events which had befallen [the Armenians], and he requested from the Byzantine emperor that Pap, Arshak's son, [be made] king of the land of Armenia. The great Byzantine emperor, as requested, enthroned Arshak's son, Pap, as king of the land of Armenia. The Byzantine emperor was very supportive, he dispatched the stratelate named Terent and a certain count Ade along with 6,000,000 [troops to take] king Pap[1] to the country of Armenia.

They reached the borders of Armenia. And Mushegh was the general *sparapet* of Armenia in place of his father, Vasak. Then all the dispersed, fugitive, hiding [people] in the country of Armenia, all people in the land of Armenia, the king, grandees, holders of districts and lords of districts, assembled in one place and inquired about the blessed and great patriarch Nerses. For they knew that he was able to pray and beseech God for the cultivation of the entire land of Armenia, to save it from enemies, and that God gave him whatever he requested of Him. Furthermore, with his wisdom he would be able to offer them useful advice.

---
1 King Pap (A.D. 367-374).

Վասն այսորիկ ոչ եթէ փոքր ինչ էր խնդիրն այնպիսւոյն առն լինել, որ կարէր նոցա զաւգուտ խրատու իմաստութեան շնորհել, եւ ըստ ժամանակին դիպացն պատահելոյ միտս աւգտակարս դնել, որովք զճանապարհս որ կայրն առաջի գնալ մարթասցեն:

Ապա ինքն թագաւորն Պապ երթայր հասանէր գտանէր զեպիսկոպոսապետն Ներսէս հանդերձ աւագայնովն Հայոց. աղաչէր զնա, զի հայր Հայոց ամենայն աւգտի խրատու առաջնորդ եւ խնդրեսցէ եւս վասն նոցա: Ապա մեծաւ ջանիւ հազիւ հաւանեցուցին զնա երթալ նմա ընդ նոսա ի բանակն արքունի. զի յաւուրց ժամանակին ի մահուանէն Գնելոյ մինչեւ յայն ժամանակն թագաւորութեանն Պապայ ոչ էր երթեալ նա ի բանակն արքունի: Ապա յայնմ ժամանակի մեծաւ աղաչանաւք տարան զնա ի բանակն արքունի ընդ ինքեանս. եւ նա էր նոցա վերակացու եւ խրատատու, կարգիչ եւ առաջնորդ. եւ հանապազ խնդրէր վասն նոցա յԱստուծոյ: Եւ էր իմաստութեան իրաց առաջնորդ, եւ հանապազ կցորդ հոգոց եւ բարձիչ վշտաց աղաւթիւք իւրովք. եւ յամենայնի ամենայնիւ երբէք հայր երեւեալ:

Ապա կարգէր կազմէր յաւրինէր Մուշեղ սպարապետ զամենայն զգունդս Հայոց զաւրացն, եւ առնէր հանդէս ամենայն զաւրացն գնդին որ հասին ի ձեռս նորա տասն հազար: Եւ ածէր զամենայն հանդէսն կարգեալս եւ պատրաստեալս վառեալս ի պատերազմ, զդրաւշս փողփողեալս եւ նշանս արձակեալս. եւ ցուցանէր զհանդէս զաւրացն Պայոց սպարապետն Հայոց Մուշեղ առաջի իւրեանց թագաւորին Պապայ, եւ մեծի քահանայապետին Ներսէսի, եւ առաջի Տէրենտի եւ Ադէի զաւրագլխացն Յունաց:

Consequently [the whereabouts] of this man were of no small concern. For he could grace them with his wise advice, and, as events would unfold, he could give his useful opinions about which road they should travel.

So king Pap himself with the nobility of Armenia went and found the archbishop Nerses. [Pap] beseeched [Nerses] that he become the father and leader in beneficial advice for the Armenians, and that he beseech [God] for them. With great effort, they were barely able to persuade him to go with them to the court *banak*. For from the time of the death of Gnel, until the time of Pap's reign, [Nerses] did not go to the court *banak*. But this time, with great entreaties, they took him along with them to the court *banak*. He was their supervisor, advice-giver, arranger, and leader. He was always beseeching God for them. He led with wisdom, always shared their cares, eliminating sorrows with his prayers. For everyone, he appeared to be the father, in everything.

Then the sparapet Mushegh arranged and organized all the brigades of the Armenian troops, and held a review of all the troops of the brigade. He had 10,000 [men] available. In the presence of king Pap, the great chief-priest Nerses, before Terent and Ade the Byzantine military commanders, Mushegh, sparapet of Armenia, conducted a military review of the Armenian troops, organized, prepared and armed for warfare, with banners fluttering and emblems waving.

Եւ մեծ շնորհակալութիւն առնէր նմա թագաւորն Պապ Հայոց, եւ մեծամեծ պարգեւս շնորհէր զաւրավարին Մուշեղի. եւ սոյնպէս զաւրագլուխքն Հոռոմց շնորհակալ լինէին նմա: Սոյնպէս եւ եպիսկոպոսապետն Ներսէս աւրհնէր զզաւրավարն Մուշեղ, եւ ասէր. Տէր Քրիստոս աւրհնեսցէ զքեզ, եւ յաջողեսցէ քեզ, եւ տացէ քեզ զյաղթութեանն շնորհս զամենայն աւուրս կենաց քոց. ի ձեռն քո եւ ի ձեռն ազգի քո փրկեսցէ զերկիրս Հայոց մինչեւ յաւիտեան:

Ապա զաւրավարն Հայոց Մուշեղ գունդ կազմեաց պատրաստեաց, եւ յառաջեաց հանդէձ Հայոց զնդաւն. առաջապահ անցանէր առաջի թագաւորին Պապայ եւ զաւրացն Յունաց կայսերական գնդին: Ապա ի Դարանաղեաց գաւառին լկնեալ յարձակեցաւ Մուշեղն, իբրեւ գայր առաառապահին հասանէր ի միջնաշխարհին Հայոց, սպանանէր Մուշեղ զզաւրագլուխն Պարսից զԿարէնն եւ զՁիկն, եւ զամենայն զզաւրսն արկանէր ի սուր սուսերի իւրոյ, եւ ոչ մի զոք ապրեցուցանէր: Եւ մինչեւ ի բուն ի սահմանսն ի Գանձակ Ատրպատականի զերկիրն յիւր վտարեալ, բռնացեալ ունէր:

Եւ եկն եմուտ թագաւորն Պապ յերկիրն Հայոց, եւ թագաւորեաց ի վերայ նորա. եւ թափեաց յինքն զամուր ամուր բերդիցն, զոր կալեալ էր Պարսկացն. եւ բերդն Դարաւնից, որ է յերկրին Կոգայ, ուր կային գանձք Արշակունեացն սաստիկ յոյժ: Քանզի դիպեցան մտերիմք բերդակալքն. զի թէպէտ ի ժամանակէն իբրեւ տարան զթագաւորն Հայոց զԱրշակ ի Պարսս յայնմ հետէ ժամանակէ մարտեան ընդ բերդին ընդ այնմիկ Պարսիկք, եւ ոչ կարացին առնուլ, մինչեւ եկն Պապ թագաւորն յերկիրն Հայոց. զի պահեցաւ գանձն եւ եհաս ամբողջ ի Պապ թագաւորն մինչեւ եկն: Եւ զաւրսն Յունաց յԵռանդ եւ ի Բախիշն ընդ ամենայն երկիրն Հայոց բաշխէին ընդ ամենայն գաւառսն. բայց միայն Մեռուժանն չարագործ փախչէր միաձի:

Pap, king of Armenia, was very grateful, and bestowed very great gifts on general Mushegh. The Byzantine military commanders were also very grateful to him, and archbishop Nerses blessed general Mushegh saying: "May the Lord Christ bless you and your successors, and grant you the grace of victory all the days of your life. May He save the country of Armenia by your hand and the hand of your *azg*, for all eternity."

The general of Armenia, Mushegh, organized and prepared a brigade and then advanced with the Armenian brigade. They went as a vanguard before king Pap and the Byzantine troops of the imperial brigade. In the district of Daranaghik', Mushegh attacked like a wolf, and as the advance-guard reached the interior of Armenia, Mushegh killed the Iranian military commanders Karen and Zik. He put every one of the troops to the sword, sparing no one. To the natural borders of Ganjak in Atrpatakan, he seized the country and held it forcibly.

King Pap entered the country of Armenia and ruled over it. He took back all the very secure fortresses which the Iranians had seized, including the Daroynk' fortress in the Kog country where an extremely great amount of the Arsacids' treasures was kept. The fortress-keepers had remained loyal. For from the time that they took king Arshak of Armenia to Iran, the Iranians were fighting with that fortress, but could not take it. So it remained until king Pap came to the country of Armenia; the treasure had been preserved and went to king Pap in its entirety when he returned. The Byzantine troops [which were] at Erand and Baxish, divided among all of the districts in the country of Armenia. The malefactor Meruzhan was the only one to escape, fleeing on a horse.

Իսկ Մուշեղ զաւրավարն հայաստանեաց շրջէր ընդ երկիրն, եւ աւերէր զատրուշանսն Մազդեզանցն: Իսկ զՄազդեզունսն, որ միանգամ ի բուռն արկին, զամենեւեան տայր հրաման սպարապետն Մուշեղ ունել եւ հրով խորովել: Եւ բազում բերդակալս բերդացն չարամահս առնէին, եւ զբազում պատուաւոր տեարս որ պատուականք էին առաջի թագաւորին Պարսից ունէր ձերբակալս Մուշեղ, եւ տայր մորթել եւ լնուլ խոտով եւ կանգնել ի վերայ պարսպացն: Ընդ բազում տեղիս զայս առնէր ի վրէժս հաւրն իւրոյ Վասակայ:

Եւ շինէին զամենայն աւերեալսն ի թշնամեացն, եւ զեկեղեցիսն նորոգեցին. եւ թագաւորութիւնն հաղ քան զհաղ նորոգէր, եւ իրք ժամանակին հաղ քան զհաղ յառաջադէմ աջողէին: Եւ սուրբն Ներսէս իմաստուն հայրապետն առաջնորդէր եւ լուսաւորէր, խրատէր եւ կարգէր եւ շինէր աղքատաց հանգիստ, որպէս եւ ինքն ի բնէ իսկ սովոր էր. եւ զվարս թագաւորութեանն իսկ յաւրինէր ամենաբարի կրաւնիւք, որպէս եւ տեսեալ էր իւր առ հնաւնք թագաւորաւքն: Եւ առաւել զկարգս եկեղեցւոյ պաշտամանն եպիսկոպոսաց, երիցանց եւ սարկաւագաց, եւ շինուածս եկեղեցւոյ վկայանոցաց, զամենայն նորոգեաց, ուսոյց եւ յարդարեաց:

Զաւրավարն Հայոց Մուշեղ զգունդ իւր կազմէր, եւ երթայր ի սահմանսն կալ անդ, զգուշացեալ զսահմանաւքն երկրին իւրոյ պահել զիւր աշխարհն հրամանաւ իւրոյ թագաւորին Պապայ:

Mushegh, the general of the Armenians, circulated about the country, destroying the *atrushans*[2] of the Mazdeans. Sparapet Mushegh ordered that all Mazdeans whom they seized should be roasted over the flames. They killed wickedly many fortress-keepers as well as many respected lords, who were honored in the presence of the king of Iran. Mushegh had them arrested and had them flayed, stuffed with hay, and hanged on the walls. He did this in many places to avenge his father, Vasak.

They [re]built all the places ruined by the enemy, and renovated the churches. The kingdom gradually revived and affairs were gradually put in order. Blessed Nerses, the wise patriarch, directed, illuminated, advised, arranged, and built a resting-place for the poor, as he was naturally accustomed to. [Nerses] even set out the conduct of the kingdom with the most goodly religion, as it had been in the days of the ancient kings. He especially renewed the orders of church worship, of bishops, priests and deacons, he renovated the martyriums of the Church renewing, teaching, and facilitating.

Mushegh, the general of Armenia, arranged his brigade and went to the borders to remain there guarding the borders of his country, protecting his land by the order of his king, Pap.

---

2   *atrushan:* fire temple.

Բ

Յաղագս զաւրավարին Մուշեղայ Հայոց, թէ որպէս անկաւ ի վերայ բանակին Շապհոյ թագաւորին Պարսից, եւ եհար զնա ի հարուածս անհնարինս, մինչ զի միաձի Շապուհ ճողոպրէր:

Ապա Մուշեղ որդի Վասակայ, ստրատելատն Հայոց մեծաց, ընդրեաց իւր արս ընտիրս միամիտ ազատս ազգային քառասուն հազար, միաբանս միակամս, եւ կազմեաց զնոսա ձիով եւ թոշակաւ եւ զինու. եւ առեալ զնոսա ընդ իւր, երթալ նստել ի սահմանս Ատրպատճացն, եւ պահել զաշխարհն Հայոց: Ապա յայնմ ժամանակի կազմեաց պատրաստեցաւ Շապուհ արքայ Պարսից ամենայն կազմութեամբ զաւրովք իւրովք, եկն եհաս յերկիրն Ատրպայականի, եւ Մերուժանն առաջնորդ գնդին բանակի նորա, եւ բուն բանակն ուրեմն թագաւորին ի Թաւրէշն բնակեալ էին:

Եւ հասանէր սպարապետն զաւրավարն Հայոց Մուշեղ, անկանէր ի վերայ բանակին քառասուն հազարաւ, եւ անդէն ձեռն ի գործ արարեալ կոտորէր: Ապա միաձի մազապուր թագաւորն Պարսից Շապուհ ճողոպրեալ փախչէր. եւ զամենայն կարեւան բանակին առ հասարակ ընդ սուր հանէր Մուշեղ հանդերձ զաւրաւքն Հայոց: Զի զբազումս կոտորէին, եւ զբազումս յաւագանոյն Պարսից ձերբակալս առնէին, եւ առնուին զգանձս թագաւորին Պարսից յաւարի. եւ ըմբռնէին զտիկնանց տիկինն հանդերձ այլովք կանամբքն: Եւ զամենայն մաշկաւարզան ի բուռն արկանէր Մուշեղ սպարապետն, եւ զամենայն աւագանին արս իբրեւ վեց հարիւր հրամայէր մորթել զաւրավարն Հայոց Մուշեղ, եւ լնուլ խոտով. եւ տայր բերել առ Պապ արքայն Հայոց: Առնէր զայս ի վրէժս հաւրն իւրոյ Վասակայ:

II

ABOUT MUSHEGH, THE GENERAL OF ARMENIA, HOW HE FELL UPON THE ARMY OF THE IRANIAN KING SHAPUH, INFLICTING UNBELIEVABLE BLOWS TO THE POINT THAT SHAPUH ESCAPED ON A HORSE BY A HAIRSBREADTH.

Mushegh, the son of Vasak, the *stratelate* of Greater Armenia, selected choice men from the nobles his relatives (some 40,000) men who were united and of one will. Organizing them with horses, stipends and weapons, he took them with him and went to the borders of Atrpatchank' to protect the land of Armenia. At that time Shapuh, the king of Iran, organized and prepared, and with the entire organization of his troops, came to the Atrpayakan country. Meruzhan was the guide of his banak's brigade. The king's main banak was encamped at T'awresh.

The sparapet general of Armenia, Mushegh, fell upon the banak with 40,000 [troops], and put his sword to work. The king of Iran, Shapuh, barely escaped by a hairsbreadth and fled on a horse, though Mushegh and the Armenian troops put the entire caravan of the banak to the sword. They killed many [people], arrested many Iranian nobles, took as loot the treasures of the Iranian king, and seized the queen-of-queens along with other women. Sparapet Mushegh captured the entire *mashkawarzan*[3] and he ordered that all the nobility, some six hundred men, be flayed and stuffed with hay. He had this brought to Pap, the king of Armenia. He did this to avenge his father, Vasak.

---
3 *Mashkawarzan:* royal-pavillion.

Բայց զկանայսն Շապհոյ թագաւորին Պարսից ոչ ումեք ինչ թոյլ տայր Մուշեղ զաւրավարն Հայոց անարգել ինչ զնոսա ումեք. այլ ժանաւարս տայր նոցան կազմել ամենացուն, եւ համեալ արձակէր զամենեսեան զհետ առն նոցա Շապհոյ արքայի: Եւ ի Պարսկացն ընդ նոսա արձակէր, զի երթիցեն առ Շապուհ թագաւորն Պարսից ողջս եւ անարատս: Իսկ թագաւորն Պարսից զարմացեալ ընդ բարերարութիւնն Մուշեղի եւ ընդ քաջութիւնն եւ ընդ ազատութիւնն, զի ոչ արար ինչ նմա Յաղագս կանանցն թշնամանս: Եւ էր ի ժամանակին յայնմիկ երիվարն Մուշեղի, ճերմակ ձի մի. իսկ թագաւորն Պարսից Շապուհ յորժամ առնոյր գինի ի մատուռսն ըմպել, յորժամ ուրախութեանն իւրոյ խըրախութիւնս առնէր զաւրացն իւրոց, ասէր. Ճերմակաձին գինի արբցէ: Եւ ետ նկարել զտաշտ ի պատկեր զՄուշեղ ճերմակաւն. եւ ի ժամ ուրախութեանն իւրոյ դնէր զտաշտն առաջի իւր, եւ յիշէր համապազ զնոյն բանս ասելով թէ Ճերմակաձին գինի արբցէ:

Այլ Մուշեղ եւ ամենայն զաւրքն Հայոց անչափ առին զաւար ի բանակէն Պարսից, եւ անչափ լցան գանձաւք եւ ստացուածովք. եւ բազում աւարամասն Պապայ պահէին թագաւորին իւրեանց. եւ զաւրացն Հայոց որ անդէն առ թագաւորին Պապայ էին մնացեալ հանին աւարամասն, եւ զաւրավարացն Յունաց որ էին առ թագաւորին Հայոց. սոյնպէս եւ ամենայն զաւրացն տային բաշխիշ ի մեծամեծ աւարացն ածելոցն: Այլ իբրեւ դարձան զաւրքն Հայոց յաշխարհին իւրեանց, բազումք ի զաւրացն Հայոց ամբաստանէին առ թագաւորին Պապայ զՄուշեղէ զսպարապետէն, թէ ընդէ՛ր արձակեաց զկանայս թագաւորին Պարսից զթշնամւոյն մերոյ: Եւ թագաւորին Հայոց Պապայ վասն այսր իրաց ոչ ինչ սակաւ լինէր թշնամութեամբ ընդ Մուշեղի մինչեւ ի բազում ժամանակս:

However Mushegh, the general of Armenia, did not allow anyone to dishonor the women of king Shapuh of Iran. Rather he had palanquins prepared for all of them and then sent them all after their man, king Shapuh. He also dispatched to Shapuh, king of Iran, some of the Iranians, so that they might go before the king well and unharmed. Now the king of Iran was surprised by Mushegh's benevolence, his bravery and freedom that he had not perpetrated any insults on his women. At that time Mushegh had a white horse. So when Shapuh, king of Iran, took in hand wine to drink, while feasting and making merry with his troops, he said: "May the white horseman drink wine." He had a picture of Mushegh on the white horse, [engraved] on a cup, and when rejoicing he would put the cup before him and always recall in the same way: "May the white horseman drink wine."

Mushegh and all the Armenian troops filled up with an unlimited amount of loot, treasures and goods from the Iranian banak. They kept a large share of the loot for their king, Pap, a share for those Armenian troops who had remained with king Pap, [a share] for the Byzantine generals who were with the king of Armenia, and similarly, and a share for all the troops, from that enormous amount of loot they had taken. Now when the Armenian troops returned to their own land, many of the Armenian soldiers accused the sparapet Mushegh before king Pap, saying: "Why did he release the women of the Iranian king, our enemy?" As a result of this matter the king of Armenia, Pap, for a long time felt no small hostility toward Mushegh.

Գ

Յաղագս Հայր մարդպետին, եթէ որպէս սպանանել հրամայեաց թագաւորն Պապ:

Ապա պատմեցաւ թագաւորին Պապայ Յաղագս աւերացն զոր եդ Հայր մարդպետն տիկնոջն Փառանձեմայ, մաւր թագաւորին Պապայ, թշնամանս ձաղանաց ի բերդարգել պաշարմանն. զի իբրեւ զբոզ մի, այնպէս թշնամանեաց զնա ի ժամանակի իբրեւ եմուտ անդր գաղտուկ, եւ եդ անարգանս տիկնոջն, եւ եկն ել անտի եւ փախեաւ. ետուն զայս ամենայն զրոյց թագաւորին: Ապա մինչդեռ մարդպետն Հայր զիւրով իշխանութեամբ շրջէր յերկրին Տարաւնոյ, եւ Մուշեղ սպարապետն Հայոց էր ի նմին գաւառին յիւրում բերդին որում Ողական կոչեն, որ կայ ի վերայ գետոյն Եփրատայ, եկն եհաս մի դեսպան յարքայէն Պապայ առ զաւրավարն Հայոց Մուշեղ. եւ ունէր առ նա հրովարտակ. եւ գրեալ էր ի հրովարտակին անդր հրաման առ նա, զի չարամահ սատակեսցէ զՀայր մարդպետն: Եւ նա իբրեւ զայս հրամանս ընկալեալ ի ձեռն առնոյր, յղէր առ մարդպետն Հայր դաւով, եւ մեծարանաց պատճառանաւ առ ինքն կոչէր յՈղականն. եւ էին աւուրք ձմերայնոյ, եւ սաստկացեալ կցեալ էր գետն Եփրատ: Ապա կոչալ եղեւ առ նա Հայր մարդպետն իբրեւ ի պատիւ մեծարանաց. եկն եմուտ մարդպետն ի բերդն յՈղական: Ետ հրաման զաւրավարն Մուշեղ զաւրականացն ունել զնա, եւ մերկանալ իբրեւ ի մաւրէ, եւ կապել զձեռս նորա ի ներքոյ ծնկաց նորա, եւ իջուցանել զնա ի գետն, եւ դնել ի վերայ սառինն կցելոյ գետոյն. եւ սատակեցաւ անդէն: Եւ եղեւ ի վաղիւ անդր չոգան տեսին, զի ուղիղ գլխոյն ի ցրտոյն վայրեալ ի բաց իջեալ թափեալ էր ընդ քիթս նորա: Եւ փոխանակ ի նորա տեղի հայրութեան մարդպետութեանն կարգէ զԴգղակ ոմն անուն, որ յաւուրս Արշակայ թագաւորին կամ Տիրանայ հաւր նորա գամու միոջ լեալ ի նոյն գործ մարդպետութեանն:

III

CONCERNING THE *MARDPET* HAYR AND HOW KING PAP ORDERED HIS EXECUTION.

[People] told king Pap about the way Hayr *mardpet* had insulted king Pap's mother *tikin* P'arhanjem when she was besieged in the fortress. For [Hayr] had entered the fortress secretly and insulted the tikin as though she were a whore, then he slipped out and fled. They told this entire story to the king. Now when the mardpet Hayr was circulating about his principality in the Taron country, Mushegh, the sparapet of Armenia was in the same district, at his fortress which was called Oghakan, and was located by the Euphrates river. An emissary came from king Pap to Mushegh, the general of Armenia, bearing with him a *hrovartak* which contained the order to wickedly kill the mardpet Hayr. As soon as [Mushegh] had this order in hand he treacherously sent to the mardpet Hayr for him to come to him at Oghakan, supposedly to be exalted. This occurred during the winter, and the Euphrates river was frozen over. So the mardpet Hayr, as if going to receive honors, went to the fortress of Oghakan. General Mushegh ordered the troops to seize, and totally strip him, and to tie his hands below his knees. [He ordered them] to lower him down to the river and to put him on the frozen ice. And thus did he perish. The next day when they went to look, they noticed that his brain had oozed out of his nose from the cold. In his place as "Father" in the mardpetut'iwn they put a certain man named Dgghak, who, had been involved in the work of the mardpetut'iwn during the days of king Arshak, or of his father, Tiran.

Դ

Յաղագս դարձեալ պատերազմին, որ եղեւ ի Բագաւան յաւանին Բագրաւանդ գաւառին ընդ Պապ թագաւորն Հայոց եւ ընդ զաւրսն Պարսից:

Ապա յետ այսորիկ թագաւորն Պարսիցն կրկնէր լինէր զաւրաժողով ամենայն ուժով եւ ամենայն զաւրութեամբն իւրով. խաղայր գնայր ամենայն զաւրաւքն իւրովք հասանէր յաշխարհին Ատրպայականի: Եւ ինքն անդր դադարէր սակաւուք, եւ զամենայն զաւրացն զբազմութիւն առաքէր ի վերայ թագաւորին Պապայ ի պատերազմ: Եւ եկեալ զաւրքն Պարսից ասպատակ առնէին եւ ի միջնաշխարհին Հայոց. ապա եւ թագաւորն Հայոց Պապ զաւրաժողով առնել հրամայէր ի Բագաւանն: Եւ զաւրքն Յունաց, որ էին յԵռանդին ի Բախշանն, ի մի վայր ժողովեցան առ թագաւորն Պապ, եւ ածին փոս զբանակաւն իւրեանց մաւտ ի լեառն ի Նպատ մերձ ի գետն Եփրատ, եւ կազմեալ պատրաստեալ կային գործոյ ճակատուն:

Ապա զաւրավարն սպարապետն Հայոց Մուշեղ ժողովէր զամենայն զաւրսն Հայոց աւելի եւս քան զընսուն հազար, եւ կազմէին պատրաստութեամբ: Իսկ իբրեւ զաւրահատոյցն առնէր Շապուհ Պարսից թագաւորն զզաւրս իւր ի վերայ աշխարհին Հայոց եւ ի վերայ զաւրացն Յունաց, Ուռնայր արքայ Աղուանից անդ էր առ թագաւորին Պարսից: Ապա յառաջ կայր եւ խնդրէր պարգեւս Ուռնայր ի Շապհոյ արքայէն Պարսից, եւ ասէր թէ Կամ լիցի քեզ, արանց քաջ, զի եւ ինձ պարգեւ հրաման տացես, զի Հայոց գնդին Պապայ արքային ես ինձէն ելից իմով գնդովս նահատակ. զի Արեաց գնդին պատեհ է դիպան ելանել զաւրացն Յունաց, իսկ ես իմով գնդաւս Հայոց իշխանացն ելից:

IV

THE SECOND BATTLE WHICH OCCURRED IN THE DISTRICT OF BAGRAWAND IN THE AWAN OF BAGAWAN BETWEEN THE ARMENIAN KING PAP AND THE IRANIAN FORCES.

After this the king of Iran again held a muster of all his forces and troops. With all his troops he went to the land of Atrpayakan. He himself remained there with a few people but he sent the entire multitude of the troops to war against king Pap. When the Iranian troops came, they raided the interior land of Armenia. Now Pap, the king of Armenia, ordered that a muster be held at Bagawan. The Byzantine troops which were at Erhand and Baxish assembled in one place by king Pap, digging a trench around their banak near mount Npat, close to the Euphrates river. They were organized and prepared for battle.

Then the general sparapet of Armenia, Mushegh, assembled all the Armenian troops and organized them in readiness, more than 90,000 men. Now while king Shapuh of Iran was deploying his forces against the land of Armenia and against the Byzantine troops, the king of Aghuania, Urhnayr, happened to be with the Iranian king. Urhnayr came forward and requested a favor from king Shapuh of Iran, saying: "If you would, oh bravest of men, order as a favor to me that I go with my brigade as a champion against the brigade of Pap, king of the Armenians. It is appropriate for the Aryan brigade to go against the Byzantine forces, so let me go against the Armenian princes with my brigade."

BOOK V

Եւ Շապուհ թագաւորն հաճեցաւ, եւ շնորհ կալաւ եւ հրամայեաց: Բայց Մերուժանայ արծրունւոյ պատասխանի տուեալ Ուռնայրի, ասաց. Աստ արկեր զգազիւ գիրկս. բայց թէ ժողովել կարիցես, մեծ զարմանք իցեն: Եւ գաղտուկ խորհրդով զայս գուշակութիւն Մարուժանն ի ձեռն հրեշտակի առ Մուշեղ զաւրավարն Հայոց հասուցանէր թէ գիտեա եւ պատրաստեաց, Մուշեղ. զի մեծաւ պարծանաւք պարգեւ խնդրեալ է զձեզ Ուռնայրի արքային Աղուանից. արդ գիտես զինչ գործիցես:

Բայց մինչ դեռ խաղացեալ գային զաւրքն Պարսից ի վերայ Հայոց, եւ Ուռնայր արքայ Աղուանից իւրով գնդաւն ընդ նոսա, խաւսէր թագաւորն Աղուանից ընդ այնոսիկ որ ընդ իւրն էին, ասէր. Ցանձն լիցի ձեզ, յիշելով ի ժամանակի իբրեւ ձերբակալ արասցուք զզաւրսն Յունաց, զբազումս ի նոցանէն ապրեցուսջիք, զի կալեալս կապեալս տարցուք յԱղուանս ի գործ կաւագործութեան զաղատոս որմաշէնս պիտոյից մերոց քաղաքաց, ապարանից եւ այլոց պիտոյից: Այլ իբրեւ եկին հասին մերձեցան ի միմեանս գունդքն երկոքեան Յունացն եւ Պարսիցն, եւ հանդերձեալք խառնել ընդ միմեանս, ինքնին թագաւորն Հայոց Պապ վառեցաւ կազմեցաւ պատրաստեցաւ, եւ կամեցաւ ի ճակատ ելանել: Ապա չառնոյր զայն նմա յանձն Տերէնտոն զաւրավարն Յունաց, թէ ի ճակատ մտցէ. այլ ասէ.

King Shapuh consented, thanked him, and so ordered. But Meruzhan Arcruni replied to Urhnayr, saying: "You have promised a lot, but there will be great amazement if you can do it." Meruzhan secretly sent this intelligence to Mushegh, the general of Armenia, by means of a messenger, and he said: "Be aware and be ready, Mushegh, for the king of Aghuania, Urhnayr, with great boasting has requested [fighting] you as a favor. So look to what you are doing."

While the Iranian troops were coming against the Armenians, having Urhnayr, king of Aghuania, along with them, the Aghuanian king spoke to the men in his brigade: "I am telling you something now to remember later on. When you have arrested the Byzantine troops, allow many of them to live. For we will bind them and take them to Aghuania and put them to work making bricks, as stone-cutters, and masons [creating] what is useful for our cities, mansions, and whatever else." When the two brigades, of the Byzantines and the Iranians approached each other and were preparing to clash, king Pap of Armenia himself armed, organized, prepared, and wanted to go into battle. But Terent, the Byzantine general, did not permit him to fight. Rather, he said:

Թագաւորն Յունաց զմեզ վասն քո յղեաց, եթէ երթայք զնա պահեցէք. արդ իցէ թէ քեզ դէպ ինչ տայցէ, մեք զմեր թագաւորն որո՞վ երեսաւք տեսանեմք, կամ զինչ տայցեմք նմա պատասխանի. եթէ իցէ եւ մեք աստի առանց քո ապրեսցուք եւ առ մեր թագաւորն հասանեմք, եւ լինիցիմք այնուհետեւ գլխապարտք առաջի մերոյ թագաւորին: Այլ արա դու, արքայ, զոր մեք ասեմք քեզ, առ դու զեպիսկոպոսապետդ Հայոց զՆերսէս, եւ ել նիստ ի վերայ Նպատ լերինն յամուր եւ յանկասկած տեղւոջ, եւ սուրբ արքեպիսկոպոսապետն Ներսէս արասցէ աղաւթս եւ խնդրեսցէ ի տեառնէ, զի տէր տացէ մեզ զյաղթութիւն: Եւ ի բարձուէն նայեսցիս, եւ տեսցիր զջան վաստակոց պատերազմին մերոյ զքաջութիւն եւ զվատութիւն, զոր առաջի քո գործեսցեն:

Ապա թագաւորն Պապ հաւանեցաւ բանիցս այսոցիկ. առ ընդ իւր զմեծ քահանայապետն Ներսէս, եւ ելանէր նստէր ի վերայ նպատական լերինն. եւ ամենայն զաւրքն Յունաց եւ Հայոց իջանէին ի տեղի պատերազմին: Ապա եկն եւ զաւրավարն սպարապետն Հայոց Մուշեղ, եւ եբեր զնըշանսն իւր եւ զզէնն առ Ներսէս եպիսկոպոսապետն, զի աւրհնեսցէ զնա, եւ իջցէ ի պետերազմ: Եւ ի ժամանակին յայնմիկ յիշեաց թագաւորն Պապ զհին զրոյցսն, եւ ասէ. Յիշեցի ես զայն, զի բարեկամ է Մուշեղն թագաւորին Պարսից Շապհոյ: Ո՞չ այդ այն Մուշեղն է, որ արձակեաց զկանայս թագաւորին Պարսից Շապհոյ հանդերձ ժանուարաւք եւ վաշտկանաւքն. եւ լուեալ եւս է իմ թէ ի Պարսիկս խաւսի. արդ մի մտցէ դա ի ճակատ:

"The Byzantine emperor sent us to come and protect you. Now, should something happen to you, how could we face our king, or what answer could we give him? If we remain alive here, without you, and if we reach our emperor, we would be criminally responsible before our emperor. But king, you do as we tell you. Take the archbishop of Armenia, Nerses, and both of you go up onto Npat mountain to a secure and safe place. Let the blessed chief-archbishop Nerses pray and beseech the Lord that He give us the victory. From the height you will look and see the determined labors of the battle, the bravery and cowardice, all of which will be accomplished before you."

King Pap was persuaded. He took with him the great chief-priest Nerses and went up onto mount Npat. All the Byzantine and Armenian troops were descending to the place of battle. Then the general sparapet of Armenia, Mushegh, came up bringing his emblems and weapon to the archbishop Nerses so that [Nerses] would bless him, and he would descend to the battle. At that moment king Pap recalled the old stories and said: "I remember that Mushegh is a friend of king Shapuh of Iran. Is this not the same Mushegh who released the women of king Shapuh of Iran, with palanquins and camp soldiers? And I have also heard that [Mushegh] speaks to the Iranians. Let him not enter the battle!"

Ապա զաւրավարն Հայոց Մուշեղ բարեխաւս առնէր առ թագաւորն Պապ զմեծ քահանայապետն Ներսէս: Իսկ թագաւորն Պապ ասէ ցեպիսկոպոսապետն Ներսէս, թէ մի լինիր դու բարեխաւս. զի իբրեւ իջանէ, ի զաւրսն Պարսից անկանի: Իսկ նա եւս քան զեւս յաճախէր մատուցանել զբարեխաւսութիւնն: Իսկ թագաւորն, քանզի բանիւ ինչ ոչ անցանէր զնորա ի ժամանակին յայնմիկ, ասէ ցՆերսէս. Կամք քո կատարեցին: Բայց նախ երդումն տուր յաջ քո, զի մեզ մի ստեսցէ, եւ ապա արձակեսջիր ի պատերազմ: Ապա կոչեն զՄուշեղ զառաջեաւ արքային, եւ եկն եպագ երկիր արքային. եւ մատուցեալ բուռն հարկանէր զաջոյ եպիսկոպոսապետին Ներսէսի, եւ երդնոյր: Սոյնպէս եւ ի թագաւորին Պապայ ձեռն արկանէր, երդնոյր եւ ասէր թէ կեցից եւ մեռայց ի վերայ քո որպէս նախնիքն իմ ի վերայ նախնեացն քոց, որպէս եւ հայրն իմ ի վերայ հաւրն քո Արշակայ, սոյնպէս եւ ես ի վերայ քո. բայց միայն չարախաւսացն ունկն մի դնիցես:

Ապա աւրհնէր զնա քահանայապետն Հայոց Ներսէս բազում աւրհնութեամբ: Ապա թագաւորն Հայոց Պապ զեւրիվարն զիւր եւ զիւր նիզակն հրամայեաց մատուցանել առն քաջի զաւրավարին Մուշեղի. այլ նա ոչ առ. Իմովն, ասէ գործեցից. ապա դու, արքայ, զինչ եւ տացես ի ձեռս քո եմ: Եւ զիւր նշանն եւ զզէն մատուցանէր առ Ներսէս, զի աւրհնեսցէ: Եւ հեծանէր իւրով գնդաւն հանդերձ, եւ զամենայն ճակատն Հայոց յարդարեալ յաջմէ զաւրացն Յունաց, յաջում թեւի նա խաղայր յառաջ:

The great archbishop Nerses interceded with king Pap on behalf of the general of Armenia, Mushegh. But king Pap said to the archbishop Nerses: "Do not be a mediator. For as soon as [Mushegh] descends, he will join the Iranian troops." But [Nerses] redoubled his intercession. Since at that time the king did not stray from what [Nerses] said, he responded: "Let your will be done. But first administer an oath to him by your right hand, that he will not deceive us, and then release him to the battle." So they called Mushegh before the king, and he came and prostrated himself for the king. Then, holding the right hand of archbishop Nerses, he swore. He also held king Pap's hand and swore: "I shall live and die for you as my ancestors did for your ancestors, as my father did for your father, Arshak, so I will do for you. Only do not give ear to slanderers."

Then Nerses, the chief-priest of Armenia, blessed him with many blessings. Pap, king of Armenia, ordered that his own steed and spear be offered to that brave man, general Mushegh. However, he did not accept them. "I will use my own, king," he said, "whatever you give, I am on your side." Then [Mushegh] offered his emblem and weapon to Nerses for him to bless. He mounted his horse with his brigade taking the Armenian front to the right of the Byzantine troops, and he moved the right wing forward.

Իսկ թագաւորն Պապ եւ եպիսկոպոսապետն Ներսէս կային ի վերայ Նպատ լերինն. եւ սուրբն Ներսէս զբազուկսն համապազատարածս համբարձեալ յերկինս, խնդրէր ի տեառնէ զի անխայեսցէ տէր ի յուխտ իւր եւ ի սուրբ եկեղեցիս իւր, զոր պատուական արեամբն իւրով ստացաւ. եւ մի տալ զժողովուրդսն ի ձեռս անաստուած հեթանոսաց, զի մի երբէք ասիցեն ի հեթանոսս թէ ո՞ւր է Աստուած նոցա: Եւ մինչ դեռ նա զաղաւթսն մատուցանէր առ Աստուած, խաղացեալ ճակատեալ իբրեւ զհուր ամենայն զաւրքն Հայոց ընդդէմ զաւրացն Պարսից, իսկ գունդն մուշեղեան յառաջեալ քան զայլ գունդսն յառաջամուխ տագնապեալ երթային. մինչ զի նայէր թագաւորն եւ տեսանէր զի ըստ ակն անզանէին, մինչ զի ոչ երեւէին թագաւորին նշանքն Մուշեղի: Իսկ իբրեւ չերեւել սկսան նշանքն, աղաղակել սկսաւ թագաւորն Պապ առ Ներսէս եւ ասէ. Դու խաբեցեր այրեցեր զիս. զի ասացի ես բանս, մի յղեր զայրն զայն ի գործ պատերազմիս. ահա ի զաւրսն Պարսից անկաւ, եւ արդ մեծամեծ վնաս գործեսցէ: Եւ ասէ եպիսկոպոսապետն Ներսէս. Մի, արքայ, մի կարծեր. զի ոչ ստէ մեզ այրն այն. այլ տեսցես քեզէն զքաջութիւն նորա, զոր գործեսցէ ծառայ քո առաջի քո:

Իսկ թագաւորն Պապ կարի ստիպէր առ եպիսկոպոսապետն Ներսէս ասել թէ ստէպ կաց յաղաւթս եւ աղաչեա զտէր մինչ դեռ խառնուրդքս են: Իսկ իբրեւ կարի ձանձրացոյց, ասէ եպիսկոպոսապետն Ներսէս ցթագաւորն Պապ.
<...>

Արդ մինչ դեռ կայր ի վերայ լերինն, զայս եւ այսպիսի եւ որ ինչ նման է այս բանից աւելի եւ բազում քան զոյն խաւսեցաւ, մինչ դեռ կայր առ նմա թագաւորն Պապ ի վերայ լերինն. բազում եւ ազգի ազգի եւ պէսպէս աղաւթս մատուցանէր մինչեւ ցերեկոյն եւ ի մտանել արեգականն, մինչեւ վաղճանեցաւ ճակատն:

Now king Pap and archbishop Nerses were up on Npat mountain. Blessed Nerses, raising his arms to Heaven asked the Lord to protect His covenant and His holy Church, which He had received through His venerable blood, and that He not give over the people to the hands of godless pagans, so that the pagans never ask: "Where is their God?" While he was praying to God, the entire Armenian force went against the Iranian troops like a fire. The Musheghean brigade was out in advance of the other brigades and was moving swiftly. The king was watching but the emblems of Mushegh were not discernible by him. When he did not see those emblems, king Pap began to shout to Nerses, saying: "You deceived and burned me. For I told you not to send that man into battle. Now, lo, he had joined the Iranian troops and is doing very great harm." Archbishop Nerses replied: "No, king, do not think that. For that man will not betray us. You yourself will see the bravery which your servant works before you."

Now king Pap greatly pressured the archbishop Nerses, saying: "Keep praying and beseech the Lord since they are still fighting." When archbishop Nerses was very fatigued, he said to king Pap [...].[4]

While [Nerses] was on the mountain, he spoke these words, and many others to the same effect to king Pap who was with him. Until evening, till sunset, till the battle ended [Nerses] offered many and diverse prayers.

---

4 *Translator's note:* Nerses, in a lengthy passage which we omit, urges Pap to pray and mend his ways.

Այլ ի պատերազմին աւգնական Աստուծոյ հասանէր ի վերայ Յունացն, եւ հայաստան գնդին լինէր յաղթութիւն, եւ ի պարտութիւն մատնեցաւ գունդն Պարսից. դարձան ի փախուստ, ցրուեցան սփռեցան դաշտաց լերանց բարձանց խորոց ձորոց: Ապա զհետ նոցա լինէին զաւրքն Յունաց եւ Հայոց. հասանէին, զմեծ եւ զփոքր առ հասարակ սատակէին. բայց սակաւք ի բազմաց քաջաձիք փախստեայք լինէին: Ապա զհետ լինէին փախստէիցն զաւրքն Հայոց, եւ մինչեւ ի Գանձակ յԱտրպայական ի սահմանս Հայոց հալածէին զզաւրսն Պարսից. ընդ փախուցեալսն զբազումս սատակէին զձանապարհայն: Եւ Մուշեղ սպարապետն Հայոց հարկանէր զզաւրսն Պարսից ի հարուածս անհնարինս. սպաս արարեալ եւ դիպէր գնդին Աղուանից, եւ առ հասարակ զամենայն զզաւրսն սատակէր: Եւ հասանէր Ուռնայրի արքային Աղուանից ի փախստեանն, եւ նիզակաբնաւն ի կառափն մատուցեալ ծեծէր բազում, ասելով թէ այդմ շնորհս կալ, զի այր թագաւոր ես, եւ թագ ունիս. ես ոչ սպանից զայր թագաւոր, թէ կարի նեղ հասցէ ինձ: Եւ ութ հեծելով թոյլ ետ նմա փախչել գնալ յաշխարհն Աղուանից:

Այլ յորժամ դարձան ամենայն զաւրքն Հայոց, ոչ գոյր չափ գլխանոյն ախոյեննիցն զոր բերեալ էր առաջի թագաւորին Հայոց Պապայ զաւրավարն Հայոց Մուշեղ: Սոյնպէս ըստ իւրաքանչիւր չափու ամենայն նախարարքն եւ մեծամեծքն եւ բովանդակ ամենայն զաւրքն եւ եղեւ մեծ յաղթութիւն յերկրին Հայոց, եւ ի մէջ զաւրացն Յունաց: Նոյնպէս լցան բազում աւարաւ գանձուցն զինու եւ զարդու, ոսկւով եւ արծաթով եւ բազում կարասեաւ, ձիովք եւ ջորեաւք եւ ուղտաւք, զոր ինչ թափեցին. զի ոչ գոյր թիւ կամ չափ, այլ կարի բազում էր յոյժ:

During the battle, God's aid had come to the Byzantines, and the Hayastan brigade was victorious while the brigade of the Iranians turned and fled, dispersing over the plain, high mountains and deep valleys. But the Byzantine and Armenian troops pursued them and when they caught up, they killed great and small alike. However a few [Iranian] braves fled. They were pursued by the Armenian troops as far as Ganjak in Atrpayakan, as far as the borders of Armenia. Many of the fugitives were killed on the road. Mushegh, the sparapet of Armenia, struck the Iranian troops with incredible blows. Then he encountered the Aghuanian brigade and generally killed all of the troops. He caught up with Urhnayr, the king of Aghuania, who was fleeing and with the shaft of his spear [Mushegh] struck [Urhnayr] on the head many times, saying: "Be grateful that you are a king and have a crown. I will not kill a king even if I am put into great straits." And [Mushegh] permitted him to flee to the land of Aghuania, with eight cavalrymen.

When all the Armenian troops returned, there was no limit to the [number of] heads of champions which the general of Armenia, Mushegh, brought before the king of Armenia, Pap. Similarly, in accordance with each one's level, all the naxarars and grandees and all the troops [brought heads]. There was great triumph in the country of Armenia and among the Byzantine troops. They filled up with much loot of treasures, of weapons and ornaments, with gold, silver, and much equipage, with the horses, mules and camels which they took. There was so much of it that there was no number or measure for describing it.

Բայց ապա ամբաստան լինէին քսութեամբ առ մեծ թագաւորին Պապայ զզաւրավարէն Մուշեղի, եւ ասէին թէ

Գիտեա, արքայ, զի մեծաւ նենգութեամբ է ընդ քեզ, եւ քեզ մահու սպասէ. զի զքո թշնամիսն համակ արձակէ. զի զբազումս բազում անգամ ի բուռն արկեալ սովոր է արձակել զթշնամիսն. զի զՈւռնայր արքայ արձակեալ, թոյլ ետ ապրել, ի բուռն արկեալ զհակառակորդս քո:

Եւ վասն այսր իրաց բազում անգամ լինէր գժտութիւն թագաւորին Պապայ ընդ զաւրավարին Մուշեղի. եւ բազում անգամ յանդիմանէր զնա վասն այսր իրաց:

Իսկ զաւրավարն Մուշաղ տայր պատասխանի թագաւորին Պապայ, եւ ասէր եթէ Զիմ զընգերսն զամենեսեան ես կոտորեցի. իսկ որ թագս ունէին, նոքա իս ընգերք չէին, այլ քո. եկեսցես որպէս ես զիմսն սպանի, դու զքոյսն. այլ իմ յայր թագաւոր ոչ ձգեալ ձեռն երբէք որ թագ ունի, եւ ոչ ձգեմ, եւ մի այլ ձգել լիցի: Եթէ կամիս սպանանել զիս, սպան. այլ ես, եթէ գայ ինձ ի ձեռն երբեք այր թագաւոր որպէս եկն բազում անգամ, ես ոչ սպանանեմ զայր թագաւոր որ զամ մի թագ ունի, եթէ ոք իսկ զիս սպանցէ:

Թագաւորն Պապ իբրեւ լսէր զբանս զայս, յարտասուս հարեալ, եւ յարուցեալ ի գահոյիցն բուռն հարկանէր զՄուշեղ, արկանէր զնովաւ գիրկս, եւ լայր ի վերայ պարանոցին Մուշեղի, եւ ասէ.

However [some people] went to the great king Pap with slanderous accusations about general Mushegh, saying:

"Be aware, king, that [Mushegh nurses] great treachery toward you and awaits your death. He is always releasing your enemies. He has laid hands on many of them, numerous times but is accustomed to releasing the enemies. He released king Urhnayr, an adversary of yours whom he had seized, and allowed him to live."

Because of this incident, on many occasions there was ill-will between king Pap and general Mushegh, and [Pap] frequently reprimanded him.

But general Mushegh answered king Pap as follows: "I killed all those who were my peers. Those who wear a crown are not my peers, but yours. Come, just as I killed my [peers] do you kill yours. I have never, do not, and will not lay my hands on a king. If you want to kill me, do so. But should a king fall into my clutches as has happened many times, I will not kill him, even if I am slain."

When king Pap heard these words, be began to cry, got up from his chair, embraced Mushegh, and wept upon Mushegh's neck, saying:

Մահապարտ են այնոքիկ որ իշխեն խաւսել չարու-
թիւն զՄուշեղէ զառնէ քաջէ եւ զպատուականէ: Զի այր որ
ազգաւ պատուական է իբրեւ զմեզ, եւ նախնիքն դորա իբ-
րեւ զնախնիսն մեր, եւ թողեալ նախնեացն դորա զթագա-
ւորութիւնն Ճենաց աշխարհին, եկեալք առ մեզ նախնիքն
ի նախնեացն մերոց ի վերայ կեցեալք եւ մեռեալք են, եւ
հայր սորա ի վերայ հաւրն իմոյ մեռաւ. եւ սա միամը-
տութեամբ մինչեւ ի մահ վաստակեալ է, եւ բազում ան-
գամ Աստուած ետ մեզ յաղթութիւն յաղաւթս եւ ի խնդըր-
ուած հաւր մերոյ սքանչելւոյն Ներսիսի, ի ձեռն դորա շը-
նորհեցաւ բազում խաղաղութիւն. զիա՞րդ ասեն ցիս զայս
բանս եթէ Մուշեղ քեզ մահու սպասէ. սա աւասիկ այր
իրաւախորհ է, զի յաւտար տեարսն վասն բարեկամու-
թեան խնայեաց, զիա՞րդ դա ի բնակ տեարս ձեռն ձգէր:
Յայնմ ժամանակի բազում պարգեւս եւ պատիւս եւ բա-
զում գեւղեան զաւրավարին Մուշեղի Պապն շնորհէր:

"Worthy of death are those who dare to speak ill of Mushegh, a brave and honorable man. By azg he is as honorable as we, his ancestors as our ancestors. For his ancestors left the kingdom of the land of Chenk', and came to our ancestors here. They lived and died for our ancestors; his father died for my father. He has loyally labored to the point of death. Often God has given us victory through the prayers and requests of our father, the miraculous Nerses, and we were favored with much peace through [Mushegh]. So why do they tell me 'Mushegh awaits your death?' Behold, he is a judicious man, who spared foreign kings out of friendship. So why would he harm his natural lords?" Then Pap favored general Mushegh with many gifts, honors, and villages.

Ե

Յաղագս միւսոյ պատերազմին Հայոց ընդ Պարս ի Գանձակ Ատրպայականի. եւ վասն գուշակութեան Ունայրի, զի յայնմ եւս յաղթութիւն լինէր Հայոց գնդին:

Ապա լինէր գուշակ Մուշեղի Ունայր արքայ Աղուանից, յղէր առ նա հրեշտակ եւ տայր նմա տեղեկութիւն. ասէր. Մեծ շնորհակալութիւն ունիմ փոխանակ զի ոչ սպաներ դու զիս. եւ Աստուած էած զիս ի ձեռս քո, եւ դու անխայեցեր. զայս սէր քո ոչ մոռացայց մինչեւ իցեմ ես: Բայց գուշակեալ իմ քեզ, զի Շապուհ թագաւորն Պարսից ամենայն զաւրաւք իւրովք կազմի գալ անկանել յանպատրաստից իմն ի վերայ քո: Ապա ստրատոն Յունաց կազմեաց զաւրս իւր որ ընդ իւրով ձեռամբ էին, եւ խաղացոյց տանել գընալ ի սահմանս Հայոց ի Գանձակէ կուսէ յատրպայական տանէ: Սոյնպէս եւ Մուշեղ սպարապետն գումարեաց ի մի վայր զզաւրսն ամենայն Հայոց. եւ էին կուռ վառեալք իննսուն հազարք ընդիրք նիզակ ի ձեռն, թող զսպարակիրս: Եւ սոքա վաղագոյն ըստ գուշակութեանն աճապարեցին հասին յիւրեանց սահմանն, բայց միայն թագաւորն մնաց անդէն ի Հայոց աշխարհին: Եւ եպիսկոպոսապետն Ներսէս անդէն մնայր յաշխարհին, եւ խնդրուածս առնէր ընդ ամենայն աշխարհին հրամայէր վասն զաւրացն որ էին ի պատերազմին:

V

THE SECOND BATTLE BETWEEN ARMENIANS AND IRANIANS AT GANDZAK IN ATRPAYAKAN AND URHNAYR'S WARNING AND THE VICTORY WHICH THE ARMENIANS ENJOYED BECAUSE OF IT.

Urhnayr, the king of Aghuania, sent some information to Mushegh via messenger: "I have great thanks for you for not putting me to death. God put me in your hands, and you spared me. For the rest of my life I will not forget your affection. However, I am informing you that the king of Iran, Shapuh, with all of his troops is coming to fall upon you unawares." Then the stratelate of the Byzantines organized the troops which were with him, and headed toward the borders of Armenia, from the side of Ganjak in Atrpayakan tun. Similarly, the sparapet Mushegh assembled all the Armenian troops. There were 90,000 well-armed, select men, spear in hand, to say nothing about the shield-bearers. According to the tip, they hastened quickly to their border. Only the king remained in the land of Armenia. Archbishop Nerses also remained in the land and ordered everyone throughout the land to pray for the troops fighting in the war.

Իսկ թագաւորն Պարսից Շապուհ գայր հասանէր ա-մենայն զաւրաւքն իւրովք ի տեղի պատերազմին, եւ գտա-նէր զզաւրսն Յունացն եւ զգունդն Հայոց, զի կազմեալ պատրաստեալ էին ի գործ պատերազմին: Եւ լինէին խառ-նուրդք ճակատուն. ի պարտութիւն մատնեցան զաւրքն Պարսից: Մանաւանդ գունդք նիզակաւորացն յարձակեալք մոլեգնեալք, քաջութեամբ զախոյեանս ի վերուստ յերի-վարացն յերկիր կործանէին յանդիման թագաւորին Պար-սից Շապհոյ. եւ ընդ ընկենուլն խրախոյս բառնային աղա-ղակելով ամենայն զաւրքն պատերազմիկք Հայոց, համակ զայս բանս ասելով եթէ Առ Արշակ քաջ: Զի զամենայն ախոյեանսն, զոր ի ճակատուն յայն սպանանէին, նմա նը-ւիրէին իւրեանց քաջի թագաւորին Արշակայ. զի զամե-նայն զոր սպանանէին, ասէին. Արշակայ թագաւորին մե-րոյ զոհ լիջիր: Եւ յորժամ Հայոց ազատանոյն ախոյենացն նիզակաւորանցն ռազմ արարեալ յարձակեալ, զզաւրսն Պարսից նիզակաւորքն առեալ ընգենուին, ասէին ի խը-րախուսելն Առ Արշակ քաջ: Իսկ յորժամ զենեալ գլխատէ-ին զախոյեանսն, ասէին. Արշակայ զոհ լիջիր:

Եւ լեգէոն զաւրուն բազմութիւնն այս ինքն Յունաց զաւրացն սպարակիրն, սոյնպէս եւ Հայոց սպարակիրն զթիկունս ունէր զաւրացն Հայոց, վահանաւք փակեալք զինքեամբք իբրեւ զամուր քաղաք ինչ ի թիկանց լինիցի: Յորժամ տարածանէին ինչ զաւրքն Պարսից զզաւրսն Յու-նաց եւ կամ զգունդ նիզակաւորացն Հայոց, ի լեգէոն վա-հանաւորացն Յունաց կամ ի սպարակիրն Հայոց իբրեւ ի բերդ մտեալ հանգչէին: Իսկ յորժամ ոգի առեալ սակաւ մի, եւ անդուստ ելեալ յարձակէին, անթիւ ի զաւրացն Պարսից ընկեցեալ առաջի իւրեանց սատակեալս գլխատէին, խը-րախուսելով ի նոյն բանս յԱրշակ թագաւորն իւրեանց, անչափս եւ անթիւ ի զաւրացն Պարսից կոտորեցին:

Now king Shapuh of Iran came with all his troops to the place of battle, and found the Byzantine troops and the Armenian brigade organized and prepared to fight. [The armies] clashed. The Iranian troops were defeated. The brigades of spearmen attacked especially ferociously, bravely hurling to the ground champions, seated upon their horses, and this in the presence of king Shapuh of Iran. And as [the Iranians] fell, all of the forces of the Armenian warriors would shout excitedly, constantly: "Take him, brave Arshak." Indeed, all the champions, when they killed someone in fighting would dedicate him to their brave king Arshak, saying, with regard to the slain person: "Be a sacrifice to our king Arshak." When the champions, the noble Armenian spearmen attacked and threw down the Iranian spearmen, they would say in encouragement: "Take him, brave Arshak!" And when they killed and beheaded the champion, they would say: "Be a sacrifice for Arshak."

The multitude of the troops of the legions, that is of the Byzantine shield-bearers, as well as the Armenian shield-bearers were protecting the side of the Armenian troops. They themselves were surrounded with shields, resembling a secure city. When the Iranian troops were able to disperse the Byzantine troops or the brigade of Armenian spearmen somewhat, [the dispersed soldiers] would enter the legion of shield-bearing Byzantines or the shield-bearing Armenians as though entering a fortress, and rest there. As soon as they had rested a little, they would emerge thence and attack, felling and beheading countless Iranians before them, and always making the same encouraging remarks as they killed, regarding their king Arshak.

Եւ յորժամ դարձեալ սակաւիկ մի ինչ յաղթահարէին զնոսա զաւրքն Պարսից, եւ նոքա իբրեւ ի բերդ ամուր դիմէին ի լեգէոն ի զաւրսն վահանաւորս, եւ նոցա բացեալ զվահանսն զնոսա ի մէջ առեալ փակէին: Եւ յայնմ աւուր հարկանէին սատակէին զզաւրսն Պարսից զաւրքն Յունաց, եւ Տերէնտն ստրատելատ նոցա, եւ գունդքն Հայոց եւ Մուշեղ սպարապետ նոցա: Եւ սակաւուք փախչէր Շապուհ թագաւորն Պարսից ի պատերազմէ անտի. եւ նոցա սահմանապահս կացուցանէին եւ ինքեանք առ իւրեանց թագաւորն Պապ դառնային մեծաւ անուամբ եւ բարի աւարաւ եւ հոյակապ շքեղութեամբ:

Այլ Շապուհ թագաւորն յորժամ յաշխարհին իշխանութեանն իւրոյ հասանէր, զարմացեալ ընդ քաջութիւն գնդին կռուոյն որ դիպեցաւ նմա, եւ ասէր եթէ զարմացեալ եմ ես զոր ինչ տեսի. զի իմ ի մանկութենէ իմմէ համակ ի ճակատու եւ ի կռիւ մտեալ եմ, եւ բազում ամք են զի հասի ի թագաւորութիւն, եւ առանց կռուոյ ամ չեմ լեալ. բայց իմ ջերմ կռիւ զայս էր տեսեալ, որ այս անգամս դիպեցաւ ինձ: Զի յորժամ նիզակաւորքն առաջի կարգէին, այսպէս յարձակէին, որպէս զլեառն մի բարձր եւ կամ որպէս զաշտարակ մի հաստաբեստ հզաւր եւ անշարժ. եւ յորժամ մեք զնոսա սակաւ մի շարժէաք, նոքա ի լեգէոն Հոռոմոց ապաստան լինէին. եւ նոցա զվահանափակսն բացեալ, զնոսա իբրեւ ի քաղաքորմ պարսպաւոր ամրացեալ ընդունէին: Եւ անտի սակաւիկ մի ոգի առեալ, դարձեալ ելեալք մարտնչէին, մինչեւ անմի զզաւրսն Արեաց առնէին:

Again, when the Iranian troops appeared to be getting the upper hand, [the Armenians and Byzantine troops] would go to the legions of shield-bearing troops, as to a secure fortress, the shields would part, let them in, and then close again. On that day, the Iranian troops were defeated by the Byzantine troops and Terent their stratelate, and by the Armenian brigades and their sparapet Mushegh. King Shapuh of Iran fled from that battle, with a few [retainers]. [The Armenians] set up border-guards, then they themselves returned to their king Pap, with great renown, good booty and glorious pomp.

When king Shapuh had returned to his land, he was amazed at the bravery of the fighting brigade which he had encountered, and he said: "I am astonished at what I saw. From my childhood onward, I have always been fighting. In the many years since I became king, I have not spent a single year without fighting. But this [recent] war was a fiery one. For when the Armenian spearmen were out in front, they attacked like a tall mountain, or like a thick, mighty and immovable tower. As soon as we routed them a bit, they took refuge in the Byzantine legion, which opened its shield-barrier as though receiving them into the walls of a secure city. There [the Armenians] would rest a little, and once again emerge to fight, until they had wiped out the Aryan troops.

Եւ միւս եւս որ ընդ այս եմ զարմացեալ ես, ընդ մըտերմութիւն միամտութեանն հայաստան գնդին ընդ տիրասիրութեանն: Զի այնչափ ամք են զի տէրն նոցա Արշակ կորուսեալ է ի նոցանէն, եւ նոքա ի պատերազմին ի նա խըրախուսէին: Եւ յորժամ զախոյեանսն ընկենուին, համակ ասէին թէ Առ Արշակ, եւ նա չէր ի մէջ նոցա, եւ նոքա առ գութ տիրասիրութեանն զոր առ բնակ տէրն իւրեանց զամենայն ախոյեանսն զոր սպանանէին նմա նուիրէին: Եւ կամ մոլեկան գունդն մուշեղեան, զի ինձ այսպէս թուէր եթէ հուր բոց ի գնդէն ելանիցէր եւ ի նշանացն, իբրեւ ի հուր հրդեհի այնպէս անցանէր ընդ գունդն որպէս բոց ընդ եղէգն: Եւ այսչափ ժամանակք են զի Արշակ տէրն նոցա ի նոցանէն կորուսեալ է, զի յԱնդմշն բերդի կայ յերկրին Խուժաստանի, եւ նոքա առ գութն համարէին թէ ի գլուխ նոցա նա իբրեւ թագաւոր կայցէ, եւ կամ ընդ նոսա արդեւք ի մէջ գնդին կայցէ ի գլուխ ճակատուն պատերազմին, եւ նոքա առ նմա առնիցեն պաշտաւն յանդիման նորա: Այլ, ասէր, երանի որ Հայոց գնդին տէր իցէ, այնպիսի տիրասէր եւ միաբան միամիտ զաւրացն:

"Furthermore I am amazed at the [enduring] intimate love for their lord, shown by the Hayastan brigade. For, despite the many years which have passed since their lord Arshak was taken from them and ruined, when [the Armenians] are fighting, they gave [each other] encouragement in his [name]. Throwing champions to the ground, they would say: 'Take him, Arshak'; despite the fact that [Arshak] was not even with them. Out of love for their lord, for their natural lord, they would dedicate all the champions whom they killed to him. [I was also astounded] by that frenzied brigade, the Mushegheans, for it seemed to me that flame and fire issued from that brigade, and the emblems were such in the brigade that it seemed as though fire was devouring the reeds. So much time has passed since they lost their lord Arshak (for he is in the Xuzhastan country at Andmesh fortress), but in their love they regard him as their king, with them in the brigade, at the head of the battle, and they were serving him. How fortunate is the lord of the Armenian brigade, of such united, loyal troops which love their lord."

Զ

Յաղագս Դղակայ մարդպետի զոր կացուցին սահմանակալ, եւ նա խորհրդակից եղեալ Պարսից թագաւորին, թէ որպէս խոստանայր մատնել զարքայն Հայոց. եւ վասն մահուն Դղակայ ի Պապայ արքայէ:

Ապա Տերէնտ զաւրավարն զաւրացն Յունաց եւ Մուշեղ զաւրավար զաւրացն Հայոց զԴղակ մարդպետ, որ անուանեալ կոչէր ըստ գործոյն հայր թագաւորին, թողին զնա սահմանապահ ի Գանձակ որ էր սահման ընդ Պարս եւ ընդ Հայս: Եւ մնաց առ նմա երեսուն հազար ընտիր ընտիրք, նիզակաւորք կուռ վառեալք պատեզէնք եւ զրահաւորք կազմ ամենայնիւ: Եւ Տերէնտն եւ Մուշեղ ամենայն զաւրաւք, որ էին ընդ նոսա, գնացին յաշխարհն առ թագաւորն Պապ: Իսկ մարդպետն Դղակ յղէր հրեշտակս խորհրդով առ Շապուհ արքայն Պարսից, եւ խոստանայր մատնել ի ձեռս նորա զթագաւորն Հայոց Պապ, եւ զզաւրավարն Յունաց զՏերէնտն, եւ զզաւրավարն Հայոց զՄուշեղ, եւ առնոյր ի նմանէ գանձս պարգեւաց սաստիկ յոյժ: Բայց այլ մեծամեծ նախարարք, որ էին առ նմա, գաղտ ազդ առնէին թագաւորին Պապայ, Գնէլն տէր գաւառին Անձեւացեաց, եւ այլք որ էին անդ մնացեալ:

Ապա թագաւորն Պապ յղեաց դեսպանս առ մարդպետն Դղակ, թէ զաւրքդ որ են ընդ ձեռամբ քով գումարեա զայդ, Գնելոյ անձեւացւոյ յանձն արասցես, եւ վաղ եկեսցես. զի պիտոյ է ինձ յղել զքեզ առ թագաւորն Պարսից Շապուհ, զի ես մտից նմա ի ծառայութիւն:

Ապա յորժամ լսէր մարդպետն Դղակ, մեծապէս խնդացեալ ասէր ընդ միտս իւր, թէ արդ դիւրին ինձ զկամս իմ կատարել, զոր խոստացայն թագաւորին Պարսից Շապհոյ, յորժամ դուրս գտի իրացս յապահով յանհոգս առնել բանիւք զՊապ, եւ յանկարծաւրէն յանպատրաստից արկանել զթագաւորն Պարսից զգլխով նորա:

VI

REGARDING THE *MARDPET* DGHAK WHO WAS APPOINTED BORDER-GUARD, HOW HE BECAME AN ADVISER TO THE IRANIAN KING, AND HOW HE PROMISED TO BETRAY THE ARMENIAN KING; AND HOW HE WAS SLAIN BY KING PAP.

Now Terent, general of the Byzantine troops, and Mushegh, general of the Armenian troops, left Dghak the mardpet (who because of his work was called "father" of the king) as border-guard at Ganjak, which is the border between the Iranians and the Armenians. With him were 30,000 very choice, well-armed, fully-armored spearmen. Terent and Mushegh with all the troops with them went back to king Pap. Now the mardpet Dghak sent messengers to king Shapuh of Iran, and promised to betray into his hands Pap, the king of Armenia, Terent the general of the Byzantines, and Mushegh, the general of the Armenians. And he received [from Shapuh] an extremely large amount of treasure as gifts. However other grandee naxarars who were there with him, [such as] Gnel, lord of the Anjewac'ik' district and others, secretly informed king Pap about this.

So king Pap sent emissaries to Dghak the mardpet saying: "Assemble the troops entrusted to you and give them to Gnel Anjewac'ik'. And come here at once. I must send you to king Shapuh of Iran, so that I can enter his service."

When Dghak the mardpet heard this, he was extremely pleased inside, reasoning: "Now it will be simple for me to carry out my plan, as I promised king Shapuh of Iran. Now I have found a way to put Pap at rest with words, so that he will be unconcerned and at ease. Meanwhile, suddenly and unexpectedly I will put the Iranian king over his head."

Եւ ինքն զուարճացեալ, լինէր խաւսնակից ի մէջ թագաւորացն երկոցունց. դեսպան ձիով վաղ հասուցանէր ի գաւառն Այրայրատու ի մեծ ի գեւղն ընջին արքունի, որում Արդեանսն կոչեն, առ թագաւորն Հայոց Պապ. եւ գայր յանդիման լինէր թագաւորին: Մեծապէս մեծարեցաւ ի նմանէն. եւ ի ժամ ընթրեացն հրաման ետ արքայն Պապ, տանել պատմուճան ագուցանել մարդպետին Դղակայ. եւ ագուցին նմա դրաստ եւ վարտիս: Եւ էր հանդերձն անհեդեղ մեծութեամբն, զի խորշ զխորշիւ իջանէր, մինչ զի ոչ կարէր հանդերձել զանձն իւր, զի պատեաց զնա մեծութիւն հանդերձոյն: Եւ ագուցեալ զպատմուճանն մեծ, էած զգաւտին ընդ մէջ իւր զորմէ թուրն կախէր. եւ սուսեր ընդ մէջ ածեալ, եւ խորշ ի գաւտւոյ դրատիցն իջեալ, զթուրն եւ զսուսերն ծածկէր: Իսկ զվարտիսն զգեցեալ, եւ մոյկս ագուցեալ, եւ զնրանն յազդեր կապեալ, եւ ի վերայ նրանին խորշն ի վարտեացն իջեալ անկեալ ի վերայ նրանին ծածկեալ մինչեւ ի սրունսն. եւ ոչ ինչ իմացաւ Դղակ թէ այն մեծութիւն հանդերձոյն չարոյ նորա իցէ այն: Իսկ յինն ժամ աւուրն կոչեցին զԴղակն, եւ ասեն. Կոչեն զքեզ յընթրիս ի ներքս յարքունիս: Իսկ յորժամ մուծին ի փող տանցն յորում արքայն էր, եւ էր փողն ընդ երկար, բազում երդս լոյսիջոյցս էր թողեալ, եւ տանէին զնա ընդ այն, կայր շուրջ սպարակիրն փակեալ սակրաւորքն, եւ զերդս ամենայն լուսոյն ծածկէին: Ապա մտեալ շուրջ զնովաւ ի տեղւոջն ձըգձգէին զնա սպարակիրքն: Իսկ նա թէպէտ տանէր ձեռն ի զէն ի խորշխորշսն հանդերձիցն պատատելոցն զոր էր զգեցեալ, ոչ զմի զէն ոչ կարաց գտանել:

Thus, delightedly, he became the liaison between the two kings. He quickly sent an emissary by horse to the district of Ayrayrat, to the king of Armenia Pap, to the great village on royal holdings, called Ardeank'. [He himself] came into the king's presence and was greatly exalted by him. At dinnertime, king Pap ordered that Dghak be taken and dressed in a robe [of honor]. So they dressed him in shirt and breeches. But the clothing was so absurdly big that fold over fold it stretched down, to the point that he was unable to dress himself, for he was enveloped in enormous clothing. Then they put on a huge robe, and a belt around his waist from which a knife hanged down. A sword was also placed on him, but the garments folded down such that the knife and the sword were both covered. When the breeches and boots were on, they attached the cutlass to his thigh, but folds from the breeches descended down over the cutlass, to his legs. But Dghak in no way realized that the bigness of the clothing was related to his own wickedness. At the ninth hour of the day, they summoned Dghak and said: "They are calling you to go to dinner inside the court." Then they led him along the route of tuns to where the king was. That street was long having many sky-lights. They led him through it, where there were shield-bearing men with axes; and all the openings for light were covered over. When he entered [that area] the shield-bearers pushed him around. [Dghak] reached for his weapons, but was unable to lay hands on them because the folds of his garments had buried them.

Ապա զի էր ինքն Դղակն այր մեծ եւ անձնեայ, քաջ հարուստ ոսկերաւք, սակայն ասպարակիր մարդկանն պատեցին զնովաւ, եւ բարձին զնա վերըմբարձ, եւ տանէին զնա մինչեւ ի դուրս տաճարին արքունի: Իսկ իբրեւ ետես թագաւորն թէ անդր տանին, ասէ. Մի՛ այսր, մի՛ այսր, այլ մուծէք զդա ի տուն պատմուճակացն: Քանզի ի փողին զաւրք ասպարակրացն մուծին զնա ի ներքս ի տունն պատմուճակացն. կապեալ ձեռս յետս, այս ինքն ուր թագ արքունի դընէին. եւ անդէն խաւսել սկսաւ Դղակն եւ ասէ. Ասացէք ցարքայ, գոգէք, ես այս մահու արժանի էի, բայց քեզ արժան էր զիս ի հրապարակի սպանանել, եւ ոչ ի տան թագաց սպանանել, եւ զքո թագդ արեամբ շաղախել: Եւ զայս միայն ժամանեաց ասել. եւ անդէն ի վանսն պատմուճակացն փողոտեցին զնա, եւ հատին զգլուխ նորա, եւ հանին հարին ի նիզակի, եւ կանկնեցին ի հրապարակին արքունի:

Dghak was a large, personable man with big bones. Despite this, the shield-bearers surrounded him and picked him up, taking him to the door of the court tachar. But when the king saw that they were bringing him there, he called out: "Not here, not here, take him to the tun of robes." So the shield-bearing troops took him, with his hands bound, into the tun of robes, that is, where the court crown was put [on the head of the king]. It was there that Dghak started to speak, saying: "Tell the king, say to him, that I am worthy of death, but it befits him to slay me in the concourse, not in the royal house, which would pollute your crown with blood." He was able to say only this much. Immediately they killed him in the chamber of the robes, beheaded him, put the head on a spear, and erected it in the court concourse.

Է

Յաղագս մահուան Արշակայ թագաւորին Հայոց, թէ զիարդ մեռաւ յերկրին խուժաստանի յԱնդմըշն բերդին ինք ինքեամբ ձեռաւք, եւ Դրաստամատն էր պատճառք մահուն:

Այլ յայնմ ժամանակի դեռ տակաւին եւս կայր կենդանի Արշակ արքայ Հայոց յերկրին իշխանութեանն թագաւորութեանն Պարսից ի կողմանս խուժաստանի յԱնդմըշն բերդին. այս ինքն որ անուն Անյուշն բերդն կոչեն: Եւ զայնու ժամանակաւ խաղաղացաւ պատերազմ տալ Պարսից ընդ Հայս. զի արշակունին թագաւորն Քուշանաց, որ նստէր ի Բաղխ քաղաքի, նա յարոյց տալ պատերազմ ընդ սասանականին Շապհոյ թագաւորին Պարսից: Եւ Շապուհ թագաւորն զամենայն զզաւրսն Պարսից գումարեալ խաղացոյց տալ պատերազմ ընդ նմա, եւ զորս միանգամ ածեալ էր գերութիւն յերկրէն Հայոց զամենայն այրեւձի գումարեալ խաղացոյց ընդ ինքեան. եւ զներքինին անգամ թագաւորին Հայոց Արշակայ տանէր ընդ ինքեան ի գործ պատերազմին:

Եւ էր ներքինի մի Հայոց թագաւորին Արշակայ, ոստիկան հաւատարիմ լեալ, ներքինի սիրելի մեծի իշխանութեան եւ մեծի պատուի, եւ անուն Դրաստամատն: Իսկ իբրեւ եղեւ պատերազմ ընդ թագաւորին Քուշանաց եւ ընդ թագաւորին Պարսից, չարաչար տարածէին զզաւրսն Պարսից զաւրքն Քուշանաց, եւ զբազումս կոտորեցին ի զաւրացն Պարսից զաւրքն Քուշանաց, եւ զբազումս ձերբակալ արարին, եւ զկէս փախստականս հալածական առնէին:

VII

REGARDING THE DEATH OF ARSHAK, KING OF THE ARMENIANS, HOW HE DIED BY HIS OWN HAND AT ANYUSH FORTRESS IN THE COUNTRY OF XUZHASTAN, AND HOW DRASTAMAT BECAME THE CAUSE OF HIS DEATH.

In that period, king Arshak of Armenia was still somewhat alive in the country under the authority of the kingdom of Iran, in the Xuzhastan areas, at Andmeshn fortress, which was called *Anyushn berd*.[5] In this period the Iranians stopped warring with the Armenians, since the Arsacid king of the K'ushans, who resided in the city of Balkh was warring against the Sasanian king Shapuh of Iran. King Shapuh assembled all of the Iranian troops, and took them to fight against him, and took, at the same time, all the captive cavalry from the country of Armenia. They even took with them the eunuch of king Arshak of Armenia, to fight.

There was a eunuch of Arshak, king of Armenia, who was a loyal *ostikan*, a eunuch beloved and [possessing] a great principality and great honor, who was named Drastamat. Now when the war commenced, the Iranian troops were wickedly scattered by the K'ushan troops. Many of [the Iranians] were arrested, while the rest fled, chased out.

---
5 *Anyushn berd*: "Fortress of Oblivion".

Իսկ Դրաստամատն ներքինին, որ յամս Տիրանայ թագաւորին Հայոց եւ Արշակայ որդւոյ նորա թագաւորին Հայոց լեալ էր իշխան տան գաւառին եւ հաւատարիմ գանձուց Անգեղ բերդին, եւ ամենայն բերդացն արքունի որ ի կողմանս յայնս. սոյնպէս եւ յերկրին Ծոփաց ի Բնաբեղ բերդին գանձքն լեալ էին ընդ նովաւ, եւ բարձ նորա ի վեր քան զամենայն նախարարացն: Եւ քանզի այս գործակալութիւն եւ մարդպետութիւն, որում հայրն կոչէին ներքինեաց, գործ լեալ էր ի բնէ ժամանակաց ի թագաւորութեանն արշակունոյ, եւ զայս Դրաստամատն ներքինի զիշխանն զԱնգեղ տանն գերեալ տարեալ էր յերկիրն Պարսից ի ժամանակին յորժամ կալան զԱրշակ արքայն Հայոց:

Եւ այս Դրաստամատ էր յայնմ ճակատու, յորում վատթարեցին Քուշանքն զՇապուհ արքայն Պարսից: Եւ Դրաստամատ գործեաց անհնարին քաջութիւն այնչափ կռուաւ եւս ի վերայ Շապհոյ արքայի, եւ ապրեցոյց զնա ի մահուանէ. եւ բազումս ի Քուշանաց անտի կոտորեաց, եւ զբազում զախոյանից զգլուխս բերէր զառաջեաւ: Եւ զՇապուհ թագաւորն Պարսից փրկէր ի նեղութենէն պատերազմին թշնամեաց անտի, ուր արգելին զնա ի խուռն պատերազմին ի զաւրաց անտի:

Իսկ իբրեւ եղեւ յորժամ դարձաւ Շապուհ թագաւորն Պարսից յերկիրն Ասորեստանի, եւ մեծ շնորհակալութիւն առնէր ներքինւոյն Դրաստամատայն վաստակոցն, եւ ասէր ցնա Շապուհ թագաւորն Պարսից. Խնդրեա դու ինչ յինէն. զինչ եւ խնդրեսցես տաց քեզ եւ ոչ արգելից:

It happened that the eunuch Drastamat [was involved in the war]. He had, during the years of Tiran, king of Armenia, and Arshak, his son, been prince of the *tun* of the district and loyal to the treasures of Angegh fortress, and all the royal fortresses in those parts, similarly the treasures at Bnabegh fortress in the Cop'k' country were under him. His *barj*[6] was higher than [those of] all the [other] naxarars. Since this office and the mardpetut'iwn [whose occupant] was called *hayr*[7] had been [entrusted] to eunuchs from the beginning period of the Arsacid kingdom, this eunuch, Drastamat, the prince of Angegh tun had been taken captive to the country of Iran at the time that king Arshak of Armenia had been seized.

Drastamat happened to be in the battle in which the K'ushans defeated king Shapuh of Iran. Drastamat displayed incredible bravery and even saved king Shapuh from death. He killed many of the K'ushans and brought the heads of many champions before [the king]. He saved king Shapuh of Iran when [the latter] was surrounded by enemies during the fighting.

Now when king Shapuh of Iran returned to the Asorestan country, he greatly thanked the eunuch Drastamat for his labors, and king Shapuh of Iran said to him: "Ask for whatever you want, and I will grant it, without delay."

---

6 *Barj:* seat, or rank.
7 *Hayr:* lit. "father".

Եւ ասէ Դրաստամատ ցթագաւորն. Ինձ ի քէն այլ ինչ ոչ պիտի, բայց տուր ինձ հրաման, զի երթայց տեսից զբըննակ տէրն իմ զԱրշակ արքայ Հայոց. եւ առ մի աւր. իբրեւ ես երթայց առ նա, հրաման տուր արձակել զնա ի կապանացն, եւ ես իշխեցից լուանալ զգլուխ նորա եւ աւծանել, եւ ագուցանել նմա պատմուճան, եւ արկանել նմա բազմականս եւ դնել առաջի նորա խորտիկս, եւ տալ նմա գինի, եւ ուրախ առնել զնա արուեստականաւքն մի աւր ճիշդ:

Եւ ասէ թագաւորն Շապուհ. Խիստ են խնդրուածքդ զոր խնդրեցերդ. զի յաւուրց ժամանակաց յորմէ թագաւորութիւնս Պարսից կանկնեալ է, եւ բերդն այն Անյուշ բերդ կոչեցեալ է, չիք ոք մարդ եղեալ ի մարդկանէ որ իշխեցեալ է յիշեցուցանել թագաւորաց զոր յայնմ բերդի եղեալ զոք է թագաւորաց, յիշելով զայն մարդ որ յայնմ բերդի զոք եղեալ է, թող թէ զնա զայր թագաւոր եւ զիմ ընկեր կապեալ եղեալ յայնմ բերդի զհակառակորդն. քան մինչ աշխատ արարեր զմեզ, եւ դու աւադիկ զանձն ի մահ եդիր եւ յիշեցուցեր զԱնյուշն, որ ոչ էին լեալ երբէք աւրէնք թագաւորութեանս Արեաց ի սկզբանէ: Բայց վասն քո զի մեծ վաստակք են առ իս, զոր ինչ խնդրեցերն երթ, տուեալ լիցի քեզ. բայց քեզ արժան էր զաւգուտ քո անձինդ խնդրել կամ աշխարհս կամ գաւառս կամ զանձս: Բայց յորժամ դու զայդ խնդրեցեր, անցեալ լիցիս զաւրինաւք Արեաց թագաւորութեանս. երթ, տուեալ լիցի քեզ որ ինչ յինէնս խնդրեցեր փոխանակաց քոց:

Drastamat said to the king: "I want nothing from you but that you order that I go to see my natural lord, king Arshak of Armenia. For the one day that I am with him, order that he be released from his bonds, and I shall wash his head, anoint, and dress him in a robe. I shall place him on a couch and put delicacies before him, give him wine, and make him happy with musicians. Just for one day."

King Shapuh replied: "What you ask for is difficult. For from the time that the Iranian kingdom was established, and that fortress was named Anyush, no one has dared to remind the kings about people whom they have put there. No one has recalled a prisoner there, to say nothing of [this prisoner] who is a king, my comrade, but now my bound adversary. You have taken your life into your hands by mentioning Anyush. Such a thing has not happened from the beginning of the Aryan kingdom. However, because the labors you performed for me were great, what you have requested will be given to you. Go, but you should have asked for something to benefit yourself, [such as] lands, districts, or treasures. What you requested is outside the laws of the Aryan kingdom. But go, what you requested will be given to you in exchange for your [help]."

Եւ ետ նմա փուշտիպան մի հաւատարիմ, եւ հրովարտակ արքունի մատանեաւն, զի գնացեալ երթիցէ նա ի բերդն յԱնդմըշն, եւ զիարդ եւ կամք իցէ նորա, զոր աւրինակ եւ խնդրեացն արասցէ կապելոյն Արշակայ, որ յառաջ թագաւորեալն էր ի Հայս: Եւ չոգաւ Դրաստամատն հանդերձ փշտիպանաւն եւ հրովարտակաւն արքունի յԱնուշ բերդն, եւ ետես զտէրն բնակ. եւ արձակեաց զԱրշակ ի կապանացն երկաթեաց ի ձեռակապացն եւ յոտիցն երկաթոց եւ յանրոց պարանոցէն շղթայիցն սարեացն. եւ լուաց զգլուխ նորա, եւ լոգացոյց զանձն նորա: Եւ ագոյց նմա պատմուճան ազնիւ. եւ էարկ նմա բազմականս, եւ բազմեցոյց զնա. եւ եդ առաջի նորա ընթրիս ըստ աւրինաց թագաւորաց, եւ եդ առաջի նորա գինի որպէս աւրէն էր թագաւորացն. սթափեաց զնա եւ մխիթարեաց, եւ ուրախ առնէր զնա գուսանաւք:

Եւ ի ժամ աղանդեր մատուցանելոյ եդին առաջի նորա միրգ, խնձոր եւ վարունգ եւ ամիճ, զի կերիցէ. եւ եդին դանակ նմա, որպէս զի հատցէ եւ կերիցէ զիարդ եւ կամեսցի: Եւ Դրաստամատ մեծապէս ուրախ առնէր զնա. կայր յոտն եւ մխիթարէր զնա: Իսկ յորժամ արբեցաւ, եւ գինին եկն զակամբ նորա, արբեցաւ հպարտացաւ եւ ասէ. Վայ ինձ Արշակայ. այս ես եւ այս, եւ յայսմ չափու եւ այս անցք անցին ընդ իս: Եւ զայս ասացեալ, զդանակն զոր ունէր ի ձեռինն, որով զմիրգն կամ զամիճն կամէր ուտել, եհար ի սրտի իւրում. եւ անդէն սատակեցաւ, եւ մեռաւ անդէն ի նմին ժամուն մինչ դեռ կայր ի բազմականին: Իսկ յորժամ զայն ետես Դրաստամատն, յարձակեցաւ եհան ի նմանէ զնոյն դանակ, եւ եհար յիւրում կշտին. եւ անդէն մեռաւ եւ նա ի նմին ժամուն յայնմ:

So [Shapuh] gave him a reliable *p'ustipan*,[8] and a hrovartak with the court seal to allow him to go the Andmesh fortress and do as he requested for the bound Arshak who had formerly been the king of Armenia. Drastamat went with the p'ustipan and the court hrovartak to Anyush fortress and saw his native lord. He released Arshak from the iron shackles on his hands and feet and the chains of his neck collar. He washed his head and body, dressed him in a noble robe, sat him on a couch and made him recline. Before him he placed food befitting kings, and wine, after the custom of kings. He revived and consoled him and made him happy with *gusan*s.[9]

At dessert time he put before him fruit, apples, cucumbers and dainties to eat, and he gave him his knife to peel and eat what he wanted. Drastamat greatly enlivened him. He stood up and consoled him. But when [Arshak] had drunk the wine and become intoxicated, he grew arrogant and said: "Vay, woe is me, woe is Arshak. Look what I have fallen to, and what has happened to me." Saying this, he took the knife which he was holding in his hand to cut the fruit or delicacy, and plunged it into his own heart. He died then and there, on the couch. Now when Drastamat saw this, he seized the same knife and thrust it into his side. And he died too, at the very same hour.

---

8 *p'ustipan:* bodyguard.
9 *Gusans:* minstrels.

Ը

Յաղագս թէ զիարդ լռեաց պատերազմն ի կողմանցն Պարսից. ապա սկսաւ սպարապետն Մուշեղ ոգորել ընդ այնոսիկ որք միանգամ ապստամբեցին ի թագաւորէն Հայոց. զբազում կոյս կոյս հարկանէր մեծաւ պատերազմաւ, նախ վասն տան թագաւորին Հայոց որ յԱտրպայականն էր:

Ապա իբրեւ դադարեաց պատերազմն ի կողմանցն Պարսից, եւ յապահովեցան իրք ճակատուն յայնմ կողմանէ, եւ այնու-հետեւ սկսանէր սպարապետն Հայոց Մուշեղ հարկանէր զայնոսիկ որք ապստամբ եղեն ի թագաւորութենէն Արշա-կունեաց: Նախ հարկանէր զտուն թագաւորին Հայոց, որ յԱտրպայականին էր. զամենայն երկիրն գաւառացն Ատր-պատճացն աւերէր, եւ առնոյր գերէր բազում գերութիւն ի նոցանէ. եւ զմնացորդսն նուաճէր եւ ի հարկի կացուցանէր, եւ առնոյր զբազումս պանդանդս ի նոցանէ:

VIII

HOW THE WAR ENDED ON THE IRANIAN SIDE, AND HOW SPARAPET MUSHEGH BEGAN FIGHTING AGAINST THOSE WHO HAD REBELLED AGAINST THE KING OF THE ARMENIANS, WAGING GREAT WARFARE AGAINST VARIOUS REGIONS; AND HOW HE STARTED AT THE HOUSE OF THE ARMENIAN KING IN ATRPAYAKAN.

After the warfare ceased in the Iranian areas, and [the people] were secured from battle on that side, the sparapet of Armenia, Mushegh, began to strike at those who had rebelled from the Arsacid kingdom. First, he struck at the tun of the king of Armenia which was in Atrpayakan. He laid waste all the districts of the Atrpatchan country, taking many people into captivity, placing the remainder under taxation, and taking many hostages from them.

Թ

Յաղագս Նոշիրականի։

Հարկանէր Մուշեղ զապստամբս Նոշիրական աշխարհին, որ ապստամբեցին յարքայէն Հայոց. առնոյր աւերէր գերէր, եւ ի մնացորդացն առնոյր պանդանդս. եւ զբնակիչս երկրին ի հարկի ծառայութեան կացուցանէր։

Ժ

Յաղագս Կորդուաց, Կորդեաց եւ Տմորեաց։

Հարկանէր Մուշեղ սպարապետն եւ զայս գաւառս ապստամբեալս յարքայէն Հայոց, զԿորդուս եւ զԿորդիս եւ զՏմորիս. առնոյր գերէր եւ աւերէր, դնէր հարկ մնացորդացն, եւ առնոյր պանդանդս։

ԺԱ

Յաղագս Մարաց։

Եւ զկողմանսն Մարաց, քանզի եւ նոքա ապստամբեցին յարքայէն Հայոց, հարկանէր զնոսա մեծապէս. եւ գերէր զբազումս ի նոցանէն, եւ մնացորդացն դնէր հարկս, եւ առնոյր պանդանդս։

IX

REGARDING NOSHIRAKAN.

Mushegh struck at the rebellious Noshirakan land, which had rebelled from the king of Armenia. He destroyed and took captives, and took hostages from the survivors. He placed the inhabitants of the country under taxation.

X

REGARDING KORDUK', KORDIK', AND TMORIK'.

Sparapet Mushegh struck at the districts of Korduk', Kordik' and Tmorik', which had rebelled from the king of Armenia. He took captives and ruined [the land], put the remainder under taxation, and took hostages.

XI

CONCERNING THE MARK'.

He greatly struck at the Mark' areas, since they had rebelled from the king of Armenia. He took many of them captive, placed the remainder under taxation, and took hostages.

ԺԲ.

Յաղագս Արձխայ:

Հարկանէր զերկիրն Արձախայ մեծաւ պատերազմաւ, գերէր զբազումս ի նոցանէն. եւ զմնացորդացն առնոյր պանդանդս, եւ զմնացեալսն ի հարկի կացուցանէր:

ԺԳ.

Յաղագս Աղուանից:

Առնէր պատերազմ ընդ երկիրն Աղուանից. հարկանէր զնոսա ի հարուածս անհնարինս: Եւ թափէր ի նոցանէ բազում գաւառս, զոր հատեալ էր նոցա ի նոցանէն. զՈւտի, զՇակաշէն եւ զձորն Գարդմանայ, զԿողթ եւ այլ որ շուրջն էին զնովաւ սահմանք գաւառք: Եւ զԿուր գետ որպէս եւ յառաջն լեալ էր, ընդ երկիրն Աղուանից եւ ընդ երկիրն իւրեանց սահման արարեալ կացուցանէին. եւ ի գլխաւորացն բազումս սպանանէին. եւ զմնացորդսն ի հարկի կացուցանէին, եւ պանդանդս ի նոցանէ առնուին:

ԺԴ.

Յաղագս Կասբից:

Ապախնդրէրզվրէժնմեծապէսսպարապետն Մուշեղյեր-կրէն Պարսից եւ ի Փայտակարան քաղաքէ, փոխանակ զի եւ նոքա նշկահեցին ստեցին արքային Հայոց: Հասեալ, զբազումս ի նոցանէ գլխով պատուհաս առնէր սպարապետն զաւրավարն Մուշեղ. զբազումս ի նոցանէ գերէր, եւ զմնացորդսն ի հարկի կացուցանէր եւ առնոյր պանդանդս ի նոցանէն, եւ անդ ոստիկանս վերակացուս թողոյր:

XII

ABOUT ARTSAKH.

He struck the Artsakh country with great warfare. He took many of them captive, took the remainder hostage, and placed the others under taxation.

XIII

CONCERNING AGHUANIA.

He made war against the Aghuanian country, striking them with unbelievable blows. He took many districts from them, which they had taken from [the Armenians]: Uti, Shakashen, Gardmanajor, Koght', and the districts surrounding them. And he established the Kura river as the boundary between the country of Aghuania and themselves, as it had been previously. He killed many of the principal [people], placing the remainder under taxation, and taking hostages from them.

XIV

CONCERNING KASP.

Then sparapet Mushegh sought great vengeance from the country of Iran and the city of P'aytakaran, since they had revolted and betrayed the king of Armenia. After arriving there, the sparapet general Mushegh beheaded many of them as punishment, took many captive, put the rest under taxation, took hostages from them, and left overseeing ostikans.

ԺԵ

Յաղագս Վրաց։

Ապա խաղայր սպարապետն Մուշեղ ի վերայ Վրաց արքային, եւ նեղէր զնա մեծապէս. եւ հարկանէր զերկիրն, եւ վանէր զամենայն աշխարհն Վրաց. եւ հանէր ընդ սուր զամենայն ազատս եւ զազգս նախարարացն զոր եգիտ։ Զփառաւազեանն հրաման տայր սպարապետն Մուշեղ հանել ի խաչ ի մէջ աշխարհին Վրաց. եւ զբդեաշխն Գուգարաց, որ յառաջն ծառայէր թագաւորին Հայոց եւ ապստամբեաց, կալեալ գլխատէր. եւ զազգն որձակոտոր առնէր, եւ զկանայսն եւ զդստերսն ի գերութիւն վարէին։ Սոյն աւրինակ եւ որ միանգամ ի կողմանն յայն էին նախարարքն, եւ ի թագաւորէն Հայոց եղեն ապստամբ, զամենեսեան գլխատէր. եւ թափէր զամենայն գաւառն, եւ առնոյր պանդանդս, եւ զմնացեալսն ի հարկի կացուցանէր։ Եւ զհին սահմանսն, որ յառաջուն էր լեալ յերկիրն Հայոց եւ ընդ երկիրն Վրաց, որ է ինքն մեծ գետն Կուր, այնուհետեւ յինքն վտարեալ դառնայր անտի։

ԺԶ

Յաղագս թագաւորին Աղձնեաց։

Դառնայր ապա զաւրավարն Մուշեղ յերկիրն Աղձնեաց, եւ հարկանէր զերկիրն ի մեծ ի հարուածս. զի եւ նոքա ապստամբեալ էին յարքայէն Հայոց։ Զերբակալ արարեալ զբդեաշխն Աղձնեաց, առ նմին կոտորեցին զկանայս, եւ զորդիս նոցա ի գերութիւն վարեցին. եւ զմնացեալսն ի հարկի կացուցանէր, եւ վերակացուս եւ ոստիկանս յերկրին Աղձնեաց թողուին։

XV

CONCERNING IBERIA.

Then sparapet Mushegh went against the king of Iberia greatly harassing him. He struck the country and defeated the entire land of Iberia. He put to the sword all the azats and naxarar azgs he could find. Sparapet Mushegh ordered that the P'arawazeans be crucified in the land of Iberia. He seized and beheaded the bidaxš of Gugark' who previously had served the king of Armenia but had rebelled. He destroyed the males of [that] azg and took the women and daughters into captivity. Similarly, he beheaded all the naxarars in those parts who had rebelled from the king of Armenia. He took the entire district, taking hostages and putting the remainder under taxation. He conquered as far as the old boundary which existed between the country of Armenia and the country of Iberia, namely the great Kura river, and then he turned back.

XVI

REGARDING THE DISTRICT OF AGHJNIK'.

Then general Mushegh turned to the Aghjnik' country, striking the country with great blows, for they too had rebelled from the king of Armenia. He arrested the bidaxš of Aghjnik', destroyed his women in his presence, took their sons into captivity, put the survivors under taxation, left overseers and ostikans, and then departed the country of Aghjnik'.

ԺԷ

Յաղագս մեծի Ծոփաց:

Ապա անտի ի Ծոփս մեծ արշաւեցին. եւ նոքա էին ապստամբեալ: Հարկանէր զերկիրն գաւառին Մուշեղ մեծի Ծոփաց, եւ զազգսն հանէր ընդ սուր. եւ առնոյր պանդանդս, եւ զազգն ի հարկի կացուցանէր:

ԺԸ

Յաղագս Անգեղ տանն:

Հարկանէր եւ յԱնգեղ տունն զբազումս, եւ հանէր ընդ սուր: Բայց աշխարհն, զի ոստան արքունի լեալ էր վաղ վաղ, բնակիչք գաւառին եւ ինքեանք կային ի հարկի ծառայութեան:

ԺԹ

Յաղագս գաւառին Անձտայ:

Ապա ի գաւառն Անձտայ արշաւէր, եւ հարկանէր Մուշեղ զկողմանս գաւառացն այնոցիկ որ շուրջ էին զնովաւ. քանզի եւ նոքա ապստամբեցին ի թագաւորութենէն Արշակունեաց: Հանէր ընդ սուր զտեարս գաւառին. առնոյր պանտանդս, եւ նուաճէր. ի հարկի ծառայութեան թագաւորին Հայոց Պապայ զամենեսեան առ հասարակ կացուցանէր:

XVII

ABOUT GREATER COP'K'.

After that they invaded Greater Cop'k', since they had rebelled. Mushegh subjected the district of Greater Cop'k' to pillage. He put its azgs to the sword, took hostages and put the people under taxation.

XVIII

REGARDING ANGEGH TUN.

He also struck many people in Angegh *tun* and put them to the sword. However, since that land was court *ostan*[10] from very early times, the inhabitants of the district themselves [already] were in tax service.

XIX

CONCERNING THE DISTRICT OF ANJIT.

Then Mushegh invaded the district of Anjit, striking the areas of districts surrounding it. For they too had rebelled from the Arsacid kingdom. He put the lords of the district to the sword, took hostages and subdued them. He put all of them into tax service to Pap, king of Armenia.

---

10 *ostan:* royal land.

Ի

Յաղագս Մուշեղի սպարապետին Հայոց:

Այլ քաջն զաւրավարն սպարապետն Հայոց լի էր քինիւ մե-
ծաւ եւ բազում նախանձու զամենայն աւուրս կենաց իւրոց,
եւ միամտութեամբ եւ արդար վաստակով ջանայր հանա-
պազ եւ վաստակէր ի վերայ թագաւորութեանն Հայոց աշ-
խարհին: Ջտիւ եւ զգիշեր կայր յաշխատութեանն. ջանայր
եւ ճգնէր կալ ի ճակատու պատերազմին, եւ ոչ թողոյր բը-
նաւ ամենեւին եւ ոչ քան զկորի մի գետին ի սահմանաց
երկրին Հայոց ուրեք վտարել. ի վերայ աշխարհին կեալ, եւ
ի մեռանել ի վերայ անուանն քաջութեան, ի վերայ բնակ
տերանց, եւ ի վերայ բնակչաց աշխարհին, ի վերայ Քրիս-
տոնէութեանն հաւատոյ, ի վերայ հաւատացեալ յԱստուած
եւ ի Քրիստոս մկրտեալ ժողովրդոց, ի վերայ եկեղեցեաց,
եւ ի վերայ նուիրեալ սպասուց, ի վերայ վկայարանացն
Քրիստոսի, ի վերայ ուխտի Աստուծոյ, ի վերայ քերց եւ եղ-
բարց, ի վերայ մերձաւորաց տոհմին, ի վերայ բարեկաց
բարեկիր բարեկամաց հանապազ կայր զաւրավարն Մուշեղ
ի նահատակութեան պատերազմին, զանձն փոխանակ առ-
նել աշխարհին. եւ յանձն իւր անխայէր ի մեռանել, զամե-
նայն աւուրս կենաց իւրոց առաջի իւրոց բնակ տէրանցն
արշակունեաց վաստակէր:

XX

ABOUT MUSHEGH, SPARAPET OF ARMENIA.

But the brave general sparapet of Armenia was full of vengeance, and all the days of his life he was very zealous and with just labor tried always loyally to work for the kingdom of the land of Armenia. He worked day and night. He strived and labored in warfare, and did not permit even a grain to be taken from the borders of the country of Armenia. He lived for the land, and would die for the reputation of bravery, and for the native lords, the inhabitants of the land, the Christian faith, the baptized folk who believe in God and Christ, for the churches, for their consecrated ornaments, for the martyria of Christ, for the covenant of God, for the sisters and brothers, for the relatives of [his] tohm, and close friends. General Mushegh was always in heroic war, and [was willing to] give his life for the land. He did not spare his life, but all the days of his life he labored for his native lords, the Arsacids.

ԻԱ

Յաղագս եպիսկոպոսապետին Ներսէսի, թէ որպիսի այր էր, կամ զինչ գործէր:

Այլ եպիսկոպոսապետն Հայոց Ներսէս շինէր զամենայն աւերեալսն երկրին Հայոց. յանձն առնէր եւ մխիթարէր, դարմանէր եւ տեսուչ լինէր ամենայն աղքատաց. եւ զաւրկունս եւ զաղքատս հանգուցանէր: Եւ շինէր զեկեղեցիս ընդ ամենայն տեղիս, եւ զամենայն կործանեալսն կանգնէր. եւ զամենայն կարգսն տապալեալ ուղղէր եւ նորոգէր: Շինէր եւ հաստատէր, խրատէր եւ յանդիմանէր. բազում առնէր նշանս եւ զաւրութիւնս մեծամեծս եւ բազում բժշկութիւնս սքանչելեաց: Եւ յաւրէնսն սաստէր մեծապէս. եւ զոր աւրհնէր աւրհնէր, եւ զոր անիծանէր անիծեալ լինէին: Եւ բազմացոյց զկարգս պաշտաւնէից յամենայն տեղիս իշխանութեանն ի սահմանացն Հայոց, եւ յամենայն գաւառս կացոյց տեսուչս եպիսկոպոսս. եւ հանապազ զգուշանայր տեսչութեանն իւրոյ եւ իշխանութեան, որչափ եկաց նա ժամանակս:

XXI

ABOUT NERSES, CHIEF-BISHOP OF ARMENIA, THE KIND OF MAN HE WAS AND ABOUT THE GREAT MARVELS HE PERFORMED.

The archbishop of Armenia, Nerses, was [re]building all the ruined places in the country of Armenia. He took the initiative, consoled, provisioned and was a supervisor of all the poor, and gave repose to the lepers and the poor. He built churches everywhere, and he restored all the destroyed ones. All of the overturned orders, he corrected and renewed. He confirmed, advised, reproached, and he wrought many signs of very great powers, and much healing, miraculously. He greatly strengthened the laws, whomever he blessed was blessed; whomever he cursed, was cursed. He increased the orders of clerics in all places in the boundaries of the sway of Armenia. He set up supervisory bishops in all the districts. As long as he lived, he constantly paid attention to his superintendency and authority.

ԻԲ

Յաղագս թագաւորին Պապայ, թէ զիարդ էր լի դիւաւք կամ որպէս վարէրն:

Այլ թագաւորն Պապ, զի մինչ դեռ տղայիկ այն ինչ ծնեալ էր ի մաւրէ իւրմէ յայնժամ ձաւնեաց զնա դիւաց անաւրէն մայրն Փառանձեմ, եւ վասն այնորիկ լի էր դիւաւք ի տղայութենէ իւրմէ: Վասն զի հանապազ զկամս դիւաց առնէր, վասն այսորիկ եւ զբժշկութիւն իսկ ոչ կամէր գտանել. զի հանապազ վարէր զանձն իւր դիւաւք, եւ կախարդանաւք երեւէին դեւքն ի նմա. եւ ամենայն մարդ զդեւսն ի նմա աչաւք բացաւք տեսանէին: Զի յորժամ մարդիկ հանապազաւր յայգորել ելեալ մտանէին, տեսանէին զի յաւձից կերպարանս ելանէին ի ծոցոյն Պապայ թագաւորին, եւ պատէին զուսաւք նորա. եւ ամենեքեան ոյք տեսանէին զնա, երկնչէին ի նմանէ եւ հուպ երթալ: Իսկ նա պատասխանի տայր մարդկանն ասելով թէ մի երկնչիք, զի սոքա իմ են. եւ ամենայն մարդ յամենայն ժամ տեսանէին զայսպիսի ինչ կերպարանս ի նմա:

Զի բազում համբարք դիւաց համբարեալ էին ի նմա. եւ յամենայն ժամ ամենայն մարդոյ երեւէր այս, որք գամ մի զթագաւորն տեսանէին. բայց յորժամ հայրապետն Ներսէս մտանէր առաջի նորա կամ սուրբ եպիսկոպոսն Խադ, դեւքն չերեւեալ աներեւոյթ լինէին: Եւ էր թագաւորն Պապ ի պղծութեան թաւալեալ. երբեմն այլոց էգ եղեալ, տայր զինքն ի խառնակութիւն. եւ երբեմն զայլս էգ արարեալ, զաւրուսն խառնակեալ պղծէր. եւ երբեմն ընդ անասունս խառնակէր: Եւ այսպէս դիւաւք վարեալ, որք ի նմայն էին բնակեալ զամենայն աւուրս կենաց իւրոց:

XXII

REGARDING KING PAP, AND HOW HE WAS FILLED WITH DEMONS AND WAS UNRIGHTEOUS.

Now when king Pap was still a boy, a newborn baby, his impious mother, P'arhanjem, dedicated him to the *dew*s.[11] Consequently, he was full of dews from his boyhood. For he was always doing what the dews wanted, and did not even want to be healed. He behaved in accordance with the dews and through sorcery the dews appeared upon him. Everyone could see the dews with their own eyes. Every day when people went to bid him good morning, they saw the forms of snakes arising from king Pap's breasts, snakes which curled around his shoulders. Everyone saw them and were afraid to come close. But he would respond to the people, saying: "Don't be afraid, they are mine." And everyone constantly saw these forms about him.

Many dews had put their nest in him, and they always appeared to the people who came to see the king. However, when the patriarch Nerses or the blessed bishop Xad came into his presence, the dews disappeared. King Pap was also sunk in abomination. Sometimes he himself [took the role] of the woman and gave himself over to profanation; other times, he got other men to be the woman, and committed abomination with them. Sometimes he copulated with animals. And thus, all the days of his life he was controlled by dews, which dwelled inside of him.

---

11 *dews:* demons.

ԻԳ

Յաղագս յանդիմանութեանն սրբոյն Ներսէսի, զի հանապազ թշնամի էր թագաւորին Պապայ վասն մեղաց նորա:

Այլ սուրբն Ներսէս եպիսկոպոսապետն Հայոց հանապազաւր ընդդիմացեալ թագաւորին Պապայ, կշտամբէր եւ յանդիմանէր մեծաւ վկայութեամբ յանդիմանութեամբ. եւ վասն չարեաց նորա բազմաց ոչ համարձակէր նմա զսեամս եկեղեցւոյն կոխել, եւ ոչ մտանել նմա ի ներքս: Հանապազ կըշտամբեալ յանդիմանէր եւ խրատէր, զի գտցէ զանձն իւր ի կորստենէ գործոց իւրոց. եւ հանապազ խաւսէր ընդ նմա, զի փոյթ արասցէ ապաշխարութեան: Դնէր առաջի նորա վկայութիւնս ի գրոց, ահ արկանելով յաւիտենական դատաստանացն պատժովք գալ ի զգաստութիւն եւ ի լաւանալ, եւ յառաջիմութեան արդարութեան կարգացն եւ գործոցն սրբութեան փոյթ առնել:

Իսկ թագաւորն Պապ լսելոյ նմա ոչ լսէր այլ եւ ընդդիմացեալ եւս մեծաւ թշնամանաւք, եւ մահու սպասէր նմա, եւ կամէր սպանանել զնա յայտնի. բայց ի թագաւորէն Յունաց յայտնի եւ անարգել անգամ բանիւք չիշխէր, եւ ոչ սակաւ մի համարձակել ի նա թող, թէ մահու աղագաւ: Նա եւ իւր իսկ աշխարհի մարդիկն եւ զաւրքն ամենայն չառնուին յանձն զայսպիսի ինչ առնել. այր զորմէ ամենայն մարդիկ աշխարհին Հայոց կախեալ կային զնմանէ վասն արդար գործոցն, սրբութեան գնացիցն յաշխարհի, խաղաղութեամբ մեծի առաջնորդութեանն. նա եւ վասն յայտնի նշանագործութեանն սքանչելեացն զոր առնէր, իբրեւ յերկնաւոր հրեշտակ այնպէս նայէին ամենայն մարդ: Եւ թագաւորն ոխացեալ էր ընդ նմա, եւ խնդրէր սպանանել զնա. այլ յայտնի զայս եւ բանիւք ճառել ոչ իշխէր, թէ ոչ իւր զաւրքն սպանանէին զնա: Զի այնպէս ամենայն մարդ ապաստանեալ էին յաղաւթս նորա, եւ սիրէին զնա առ հասարակ մեծամեծք եւ փոքունք, պատուականք եւ անարգք, ազատք եւ շինականք միանգամայն:

XXIII

CONCERNING THE REBUKES OF SAINT NERSES WHO WAS EVER AN ENEMY OF KING PAP BECAUSE OF HIS SINS.

But the blessed archbishop of Armenia, Nerses, was constantly reproaching, reprimanding and chiding king Pap greatly, and because of his wickedness, [Nerses] did not permit him to cross the threshold of the church, or to go inside. He was always reprimanding, reproaching and advising that [the king] find himself [and save himself] from the ruination of his deeds. He always spoke with him to make him think of atonement. He put before him testimonies from Scripture, terrifying him about the punishment of eternal judgements, so that he come to his senses, become good, and pursue the orders of justice and pure deeds.

Now king Pap in no way heeded what [Nerses] said, but rather, he resisted him with great enmity and awaited his death. Indeed, he wanted to kill him openly, but because of the Byzantine emperor, he did not dare even to dishonor him openly, or to speak severely, to say nothing about killing him. Furthermore the people of his own land and all the troops were totally against doing anything of this sort to a man whom all the people of the land of Armenia were indebted for his just deeds, clean behavior and peaceful leadership. And because of [Nerses'] obvious miraculous deeds, everyone looked upon him as a heavenly angel. But the king was resentful of him and wanted to kill him, but did not even dare to speak of this lest his own troops kill him. For everyone so loved him and took refuge in his prayers, the grandees and the lowly, the venerable and the dishonored, the azats and the shinakans.

ԻԴ

Յաղագս մահու սրբոյն մեծի քահանայապետին Ներսէսի ի թագաւորէն Պապայ, թէ որպէս կամ զիարդ սպանաւ ի նմանէ:

Այլ թագաւորն Պապ յամենայն ժամ էր թշնամի մեծի քահանայապետին վասն յանդիմանութեան մեղաց իւրոց չարեաց զոր գործէրն, եւ յանդիմանեալ լինէր յառնէն Աստուծոյ ի Ներսիսէ հանապազ: Ոչ զգաստանալ կամէր եւ ոչ գալ յուղղութիւն, եւ ոչ համբերել կարէր հանապազորդ նախատանացն յանդիմանչին. էարկ ի միտս սպանանել զմեծ քահանայապետն Աստուծոյ զՆերսէս: Իբրեւ յայտնի զայս ոչ մարթ էր նմա առնել, կեղծաւորել կերպարանէր իբրեւ այն եթէ յուղղութիւն ինչ եկեալ է աղաչէր զքահանայապետն Աստուծոյ տալ նմա ապաշխարութիւն: Եւ կոչեցաւ յապարանս իւր ի Խախ աւանի յԵկեղեաց գաւառի. արար նմա ընթրիս, աղաչեաց զայրն Աստուծոյ բազմել նմա յարքունական գահոյսն, եւ իբրեւ այնու թէ սրբեսցի նա ի չարեաց անտի իւրոց, եւ ինքն այնուհետեւ յայնմ հետէ յապաշխարութիւն մտցէ:

Իսկ իբրեւ զառաջինն բազմեցոյց, ինքնին թագաւորն յոտն կացեալ հոլանեալ, ի մէջգետին անցեալ, անապակ մատուցանէր առնն Աստուծոյ Ներսիսի յընթրիս անդ, եւ դեղ մահու ընդ կոտինդն խառնեալ մատուցանէր նմա: Եւ յորժամ ըմբէր զբաժակն զայն, իմացեալ անդէն խաւսել սկսաւ եւ ասէ.

XXIV

REGARDING THE DEATH OF THE GREAT CHIEF ARCHBISHOP NERSES [CAUSED BY] KING PAP, HOW AND WHY HE WAS KILLED BY HIM.

King Pap was always at odds with the great chief priest because this man of God, Nerses, was constantly reprimanding him on account of the wicked sins he was committing. [Pap] did not want to come to his senses or correct himself, but was also unable to bear the perpetual insulting reproaches. He planned to kill the great chief priest of God, Nerses. But since he was unable to do this openly, he falsely pretended that he had come to the correct way and beseeched the chief priest of God to administer penance to him. He called him to his mansion at Xax *awan* in the Ekegheac' district. He made a dinner for him and beseeched the man of God to sit on the royal couch, as though by this he would be cleansed from his wickedness and thereafter would enter into atonement.

Now when [Pap] had seated [Nerses] [in the] foremost [place], the king himself stood bare-headed, moved to the middle of the floor, and offered Nerses, the man of God, some pure wine for that meal. But he had mixed poison into the drinking-vessel which he offered him. When [Nerses] drank from that cup, he immediately sensed what had happened, and began to say:

BOOK V

Աւրհնեալ է տէր աստուած մեր, որ արժանի արար զիս ըմպել զբաժակս զայս, եւ հասանել մահուս որ վասն տեառն է, որում եւ ցանկացեալ էի ի մանկութենէ իմմէ: Արդ զբաժակս փրկութեան ընկալայց, եւ զանուն տեառն կարդացից, զի եւ ես հաւասարեցից հասանել ի մասն ժառանգութեան սրբոցն ի լոյս: Այլ քեզ, ով թագաւոր, արժան էր իբրեւ զայր թագաւոր յայտնի հրաման տալ եւ սպանանել. զի ով էր որ արգելոյր զքեզ, կամ ո՞վ էր որ պահէր զձեռն քո ի գործոց, զոր ինչ կամէիր գործել: Բայց, տէր, թող սոցա զայս գործս զոր ինչ գործեցին յիս. եւ ընկալ զհոգի ծառայիս քո, որ հանկուցիչդ ես ամենայն աշխատելոց, եւ կատարիչ ամենայն բարութեանց:

Զայս եւ այսպիսի եւ որ ինչ նման են այսպիսի բանք խաւսեցաւ. եւ յարուցեալ գնաց ի վարս իւր: Եւ զհետ գնացին նորա ի տաճարէն արքունի ամենայն մեծամեծքն նախարարքն Հայոց, եւ Մուշեղ սպարապետն Հայոց եւ Հայր մարդպետ. եւ ամենայն որ միանգամ էին անդ, մտին ընդ նմա ի վասն նորա: Եւ իբրեւ եմուտ ի վանս իւր, վերացուցեալ զպարեգաւտս իւր ի վերայ սրտին ցուցանէր կապուտակեալ քան զչափ նկանակի միոյ: Իսկ մեծամեծք նախարարացն մատուցանէին նմա թիւրակէս եւ անդեղեայս վասն ապրելոյ. իսկ նա ոչ կամեցեալ զայն ի բաց մերժէր, այլ ասէ. Մեծապէս եղեւ ինձ բարի, զի եհաս ինձ մեռանել վասն զգուշութեան պատուիրանացն Քրիստոսի: Եւ քանզի դուք ձեզէն գիտէք, զի հրապարակախաւսէի ընդ ձեզ զոր ինչ խաւսէի, արժան էր ինձ հրապարակաւ մեռանել ի ձէնջ, զի այնմ իսկ ցանկացեալ էի. բայց բարւոք եւ ինձ վիճակն ընդ ընտիրս, եւ ժառանգութիւն իմ հաճոյ եղեւ ինձ: Աւրհնեցից զտէր, որ այս մասին վիճակի ժառանգութեան ապրեցոյց զիս. եւ մեծապէս խնդութիւն է ինձ, զի վաղվաղակի լուծայց ես յանաւրէն եւ յամբարիշտ աշխարհէ աստի յայսմանէ: Եւ բազում ինչ խաւսեցաւ ընդ նոսա եւ զգուշացոյց զնոսա. եւ աղաչեաց զամենեսին զգուշանալ անձանց, եւ պահել զպատուիրանս տեառն:

"Blessed is our Lord God Who made me worthy of drinking this cup and achieving the death which I had wanted from my childhood, for the Lord. I accept this cup of salvation and will call out the name of the Lord so that I too will be able to attain a part of the legacy of the saints, in the light. But as for you, oh king, it befits you as a king to openly order me killed. Who is stopping you, who stays your hand from doing what you want to do? But Lord, forgive them this deed which they have done to me; accept the soul of Your servant, You Who give rest to the weary and Who fulfills all goodness."

[Nerses] said this and other similar things. He arose and went to his lodging place, leaving the court tachar [temple] and following him were all the grandee naxarars of Armenia, the sparapet of Armenia, Mushegh, and Hayr mardpet, indeed, all the people who were there followed [Nerses] to his lodging place. When they entered his residence [he] opened up his tunic and revealed a blue swelling over his heart, the size of a small loaf. The grandee naxarars offered him theriacs and antidotes to save him. But he did not want it, and rejected it, saying: "For me it was a great thing that I be allowed to die for expounding the commandments of Christ. You yourselves know that what I said to you I said publicly, so it is fitting to be killed by you publicly, for that is what I had been longing for. In goodness I received my portion along with the chosen, and am pleased with my inheritance. I bless the Lord Who let me attain this portion of the inheritance, and I am extremely happy that soon I will be freed from this impious and profane world." [Nerses] said many things to them and told them to be careful, beseeching all of them to watch out for themselves and to keep the Lord's commandments.

Եւ յետ այսորիկ սկսաւ զարիւնն գունդ գունդ ի ներքուստ ընդ բերանն արտաքս հոսել իբրեւ զերկուս ժամս: Եւ յետ այսորիկ յարուցեալ եկաց յաղօթս. եղեալ ծունր, խնդրէր զթողութիւն ի վերայ սպանողին իւրոյ: Ապա յետ այսորիկ յիշէր յաղօթս իւր զամենայն մարդս, զմերձաւորս եւ զհեռաւորս, զանարգս եւ զպատուականս. եւ զայնոսիկ անգամ, զորս երբէք ոչ ճանաչէր զնոսա, յիշէր յաղօթս իւր: Եւ յետ աղօթիցն կատարելոյ համբարձեալ զձեռս իւր եւ զաչս իւր ընդ երկինս, ասաց. Տէր Յիսուս Քրիստոս, ընկալ զհոգի իմ: Եւ զայս ասացեալ, արձակեաց զոգի: Եւ առեալ զմարմին սրբոյն Ներսէսի զառնն Աստուծոյ պաշտօնեայք եկեղեցւոյն, եւ Փաւստոս եպիսկոպոս, եւ պաշտօնէիցն գլխաւոր Տրդատ, եւ Մուշեղ սպարապետն եւ Հայր մարդպետ, եւ ամենայն ազատագունդ բանակն արքունի, բարձին յաւանէն ի Խախ գեղջէ ուր գործն կատարեցաւ, տարան ի Թիլն յաւանն յիւր գեւղն: Հանդերձ սաղմոսիւք եւ աւրհնութեամբ, կանթեղիւք վառելովք եւ մեծապաշտմամբք եւ բազում յիշատակաւք զսուրբն յուղարկեցին: Բայց մինչ չեւ էր ծածկեալ զմարմին սրբոյն, ինքն թագաւորն Պապ երթեալ պատեաց եւ թաղեաց ի մարտիրոսական ի բնակութիւնն. բայց թագաւորն Պապ ի չքմեղս լինելով չլուելոյն առնէր, իբրեւ թէ իւր չիցէ գործեալ զայն:

After this for about two hours, globules of blood started to ooze from his mouth. Then he arose to pray. He kneeled and asked forgiveness for his murderers. After this he recalled everyone in his prayers, those near and far, the dishonored and the honored and even those whom he had never known. Upon completion of the prayers he lifted his hands and eyes to Heaven, and said: "Lord Jesus Christ, accept my soul." Having said this, his soul was released. The body of Nerses, the blessed man of God, was taken by the Church clerics, bishop P'awstos, the head of the clerics, Trdac, sparapet Mushegh, Hayr mardpet and all the azatagund banak of the court. They took him from the village of Xax, where the deed had been committed, to his own village in T'il awan. They buried the saint with psalms, blessings, lit candles, great worship and much commemoration. However, before the saint's body was covered, king Pap himself went, took the body and buried it in the martyrs' resting place. Although king Pap was guilty, he pretended that he was not, as though he had not committed that deed.

ԻԵ

Յաղագս տեսլեանն որ երեւեցաւ արանցն սրբոց անապատաւորաց, Շաղիտայ եւ Եպիփանու, մինչ դեռ նստէին ի լերինն:

Արք երկու կրաւնաւորք անապատաւորք մինչ դեռ նստէին ի լերինն, անուն միում Շաղիտա, եւ էր սա ազգաւ ասորի, եւ նստէր յԱռեւծ լերինն. եւ միումն անուն Եպիփան, եւ էր սա ազգաւ յոյն, եւ նստէր սա ի մեծի լերինն ի տեղի դիցն զոր կոչեն աթոռ Անահիտայ. եւ էին սոքա երկոքին լեալ աշակերտք սրբոյն Դանիէլի զոր վերագոյնն յիշեցաք. եւ մինչ դեռ յիւրաքանչիւր լերին նստէին սոքա, ի ժամու յորում մեռաւ սուրբն Ներսէս, տեսանէին սոքա յիւրաքանչիւր լեռնէ աչաւք բացաւք ի տուընջեան ժամու զայրն Աստուծոյ զՆերսէս իբրեւ յամպս յափշտակեալս, զի հրաշտակք Աստուծոյ տանէին զնա ի վեր, եւ գունդք գունդք գային նմա առաջի: Իբրեւ տեսին զայս տեսիլ անապատաւորքն, զարմացեալք ընդ գործն ընդ այնս. բայց Շաղիտայն որ էրն յԱռեւծ լերինն քանզի էր հմուտ այր, գիտաց եթէ հանգուցեալ է սուրբն Ներսէս, եւ այն ոգիք նորա երեւին նմա. բայց Եպիփան եդ ի մտի իւրում, թէ մարմնով իցէ յափշտակեալ զնա: Ապա յարեան յիւրաքանչիւր լեռնէ ընթացեալք փութով մինչեւ յԵկեղեաց գաւառ, եկին քննեցին տեսին զի կատարեալ էր սուրբ հայրապետն Ներսէս. եւ եկին մինչեւ ի Թիլոյ գեւղն, եւ տեսին զտեղին յորում եդեալ էր զնա. եւ դիպեալք միմեանց արքն հաւատարիմք, պատմէին միմեանց զոր ինչ տեսինն առաջի ժողովրդոցն: Բայց էին արքն այն հրեշտակակրաւնք, յանապատին սնեալք եւ կեցեալք. զի եւ կարաւղք էին նշանս առնել մեծամեծս, եւ ամենեցուն գիտելի եւ ծանաւթք էին գործք նոցա:

XXV

CONCERNING THE VISION THAT APPEARED TO THE SAINTLY MEN SHAGHITAY AND EPIP'AN WHILE THEY LIVED IN THE MOUNTAINS.

There were two hermit clerics who at that time were living in the mountains. One was named Shaghitay, a Syrian by nationality, who lived up on Arhewc mountain. The other was named Epip'an, a Greek by nationality, who, dwelled on the great mountain, in the place of the gods, called the Throne of Anahit. Both of them had been students of the beloved Daniel, whom we recalled above. At the hour that saint Nerses died, while each [of the hermits] was in the mountains, each one saw with open eyes during the daytime, Nerses, the man of God, as though being taken to the clouds. For the angels of God were taking him upward, and the hosts were coming before him. When the hermits saw this vision, they were astonished. Shaghitay, however, who was on Arhewc mountain, since he was a sagacious man, realized that the holy Nerses had died and that it was his spirit which had appeared to him. Epip'an, on the other hand, thought that [Nerses] had been taken corporally. Each descended from the mountain and hurried to the district of Ekegheac', where they investigated and saw that the blessed patriarch Nerses was in fact dead. They went to T'il village and saw the place where he was buried. It was here that these two believing men encountered each other, and narrated before the people what they had seen. Those were men of angelic faith, nourished and living in the wilderness. They were able to work very great miracles and their deeds were known and familiar to everyone.

ԻԶ

Յաղագս սրբոյն Շաղիտայի:

Շաղիտայս, այր սուրբ, էր լեալ աշակերտ մեծին Դանիէլի. եւ ի տղայութենէ իւրմէ սնեալ էր համակ յանապատս, եւ ընդ անապատաւորս խոտաճարակ լեալ էր: Եւ յետ հանգստեան սրբոյն Ներսիսի գնաց չոգաւ ի գաւառն Կորդուաց, եւ առնէր նշանս եւ սքանչելիս, եւ բնակէր ի մէջ առիւծուց. աւելի քան զքսան առեւծ հանապազ շրջէին ընդ նմա հանապազորդեալք: Էր զի լինէր զի յորժամ ցաւ ինչ ցաւէր գազանացն, գային շուրջ պատէին զնովաւ, եւ ձգձգէին զՇաղիտայն, եւ նշանաւ առնէին խնդրել զբժշկութիւն: Եւ էր երբեմն զի առեւծ մի մեծ, եւ էր ելեալ եղէգն ընդ թաթուլ բազկին առիւծոյն, եւ եկն առեւծն առ սուրբն Շաղիտայն ի լեառնն յորում նստէր. եւ զաւրէն մարդոյ ի վեր առեալ զթաթուլն ցուցանէր նմա զվէրն, նշանացէր նմա բժշկել զինքն: Իսկ սուրբն Շաղիտա հանէր զեղէգն որ ընդ վէրն մտեալ էր, եւ թքանէր ի վէրն, եւ թաշկինակաւն զոր ընդ գլուխն իւր էր ածեալ հանեալ պատէր զթաթ առիւծուն եւ բժշկէր:

Եւ այսպէս բիւրապատիկ եւ պէսպէս առնէր զքանչելիս: Եւ գազանք էին կենաց կցորդ նորա, մինչ շրջէր նա յանապատս զամենայն աւուրս կենաց իւրոց: Եւ ի գետ իբրեւ հասանէր, կաւշկաւքն անցանէր ի վերայ ջուրցն գետոցն, եւ ոչ թանային կաւշիկք նորա: Եւ յորժամ ի շէն ուրեք իջանէր, զբազում մոլորեալս դարձուցանէր նշանաւք եւ արուեստիւք: Միայն շրջէր. եւ իբրեւ իջանէր ի շէնս, առնէր բժշկութիւնս բազում հիւանդաց. եւ էր սա աւուրբք ծերագոյն:

XXVI

ABOUT SAINT SHAGHITAY.

This saint Shaghitay had been a disciple of the great Daniel. Having been raised in the wilderness since youth, he lived on herbs with the hermits there. After the death of saint Nerses, he went to the district of Korduk, where he performed miracles and lived among lions (over twenty of which always roamed with him). And whenever one of the brutes was hurt, the pride would surround and pull at Shaghitay so as to demand his healing. Once there was a large lion whose forepaw had been pierced by a reed. It went up to the mountain where saint Shaghitay was staying and, like a human, lifted up its paw and showed him the wound so as to have him heal it. Saint Shaghitay extracted the reed, spat on the wound, wrapped it with the kerchief on his head, healing the lion.

Thus he performed myriads of miracles. Brutes passed their lives with him, accompanying him daily as he wandered through the wilderness. Whenever he came to a river, he would cross it by walking upon the water without getting his shoes wet. Whenever he went down to some populated area, he corrected many who had gone astray by performing signs and wonders. He roamed by himself. And whenever he came to populated areas, he healed many who were sick. This was in his old age.

BOOK V

Բայց ամենայն մարդ սպասէր եւ ակն ունէր մահու նորա, վասն ըմբռնելոյ զմարմին նորա: Իսկ սուրբն Շաղիտայ իմացեալ զայս թէ սպասեն առնուլ զմարմին նորա բազում մարդիկ, ապա խնդրեաց Շաղիտա յԱստուծոյ, զի մի՛ ոք ըմբռնեսցէ զմարմին նորա: Եւ եղեւ աւր մի յաւուրց, որպէս սովորութիւն էր իւր, գնալ ի վերայ ջուրցն գետոյն: Եւ մինչ դեռ անցանէր նա ընդ գետն Կորդուաց, ըստ խնդրուածոցն իւրոց որպէս եւ խնդրեաց նա, յանկարծակի իբրեւ կայր ի մէջ գետոյն յանկարծաւրէն ընդ ջրովն մտեալ սուրբն Շաղիտայն ծածկեցաւ: Եւ մեծ գոյժ եղեւ գաւառին. եւ ժողովեցան անչափ բազմութիւնք մարդկանն ի մի վայր եկեալք կուտեցան, մինչեւ հատին դարձուցին ընդ այլ շըրջեցին զգետն: Եւ խնդրէին զմարմինն սրբոյն Շաղիտայի, եւ ոչ կարացին ուրեք գտանել. զի իւր խնդրուածքն առ Աստուած այսպէս էին լեալ յառաջագոյն, սոյնպէս եւ կատարեցաւ:

Now everyone was anticipating his death, so as to snatch his body. But Saint Shaghitay realized that many people were lying in wait to take his body, so he prayed to God that this should not happen. Then, on a certain day, while he was crossing the river of Korduk, walking on the water in his customary fashion, he suddenly fell underwater and disappeared. Great mourning befell the district, and a countless multitude gathered and came to surround the river on both sides. They looked for saint Shaghitay's body but could not find it anywhere, for his request to God had been fulfilled.

ԻԷ

Յաղագս սրբոյն Եպիփանու:

Այլ երանելին սուրբն Եպիփան էր ընդ սրբոյն Շաղիտայի աշակերտ եղեալ մեծին Դանիէլի. եւ սա ի մանկութենէ սնեալ էր յանապատի: Եւ յետ մահուանն մեծի քահանայապետին Ներսիսի եկն բնակեցաւ նա ի մեծ Ծոփս յանապատին, որ կոչի անուն տեղւոյն Մամբրէ, ի վերայ գետոյն որ անուանեալ կոչի Մամուշեղ: Եւ էր բնակեալ ի քարանձաւս, եւ հանապազորդեալ էր ընդ գազանս անապատի, եւ ժողովէին առ նա արջք եւ ինձք: Եւ էր սա հանապազորդեալ յանապատին, եւ առնէր սա մեծամեծ նշանս եւ սքանչելիս. եւ դարձուցանէր զբազում մոլորեալս ի հեթանոսութենէ ի Քրիստոնէութիւն, եւ լնոյր զերկիրն Ծոփաց վանիւք. եւ դնէր վարժեար ընդ ամենայն երկիրն Ծոփաց, եւ լինէր սուրբն Եպիփան լոյս երկրին Ծոփաց, եւ լուսաւորէր զնոսա մեծապէս:

Անցանէր եւ յերկիրն Աղձնեաց, լուսաւորէր եւ զնոսա, եւ լնոյր զերկիրն Աղձնեաց վաներով. եւ շինէր վկայանոց մի յաւանին ի քաղաքին Տիգրանակերտի, եւ յաւր յիշատակի սրբոցն ի փրկութիւն եւ ի բարեխաւսութիւն աշխարհի. եւ առնէր ինքն նշանս, եւ դառնայր ինքն յիւր վանսն: Եւ էր մաւտ ի գետն Մամուշեղ աղբեւր մի, եւ ձուկն բազում ելանէր ընդ ակն աղբերն. եւ բազում մարդիկ հանեալ զձուկն, աւգտէին ի նմանէ: Ապա երկու եղբարք ի վերայ ձկանն հակառակեալք, էսպան մինն զմինն. եւ իբրեւ գիտաց սուրբն Եպիփան, ասէ. Յայսմ հետէ այտի ոք ձուկն մի կերիցէ: Եւ անդէն դառնացաւ ձուկն տեղւոյն, եւ եղեւ իբրեւ զլեղի դառն մինչեւ ցայսաւր ժամանակի. եւ ոչ ոք որսաց զնա մինչեւ ցայսաւր ժամանակի: Բազում եւ այլ զաւրութիւնս առնէր եւ նշանս անչափս:

XXVII

ABOUT SAINT EPIP'AN.

The venerable saint Epip'an had also been a disciple of the great Daniel, and was raised in the wilderness along with saint Shaghitay. After the death of the great high priest Nerses, he went and lived in the wilderness in Great Cop'k', in Mambre, on the river Mamushegh. He lived in a grotto in accord with the brutes of the wilderness. Bears and big cats gathered to him. He performed great miracles, converting from paganism to Christianity many who had been led astray. He established monasteries and designated teachers throughout Cop'k', thus becoming a beacon to the land and enlightening its inhabitants.

He also went to Aghjnik', enlightened its inhabitants and established monasteries there. He built a martyr-shrine in the awan of the city of Tigranakert and established [the observance of] saint days for the salvation of its inhabitants through their [the saints'] intercession. He performed signs there and then returned to his habitation. Near the Mamushegh river was a spring out of which many fish came, and which many people caught and benefited from. But then two brothers fell into a quarrel over the fish, and one killed the other. On learning of this, saint Epip'an said: "Let no one eat of that fish anymore," from which point on the fish turned bitter. No one fishes there to this day. He performed countless other miracles, too.

Իբրեւ բազում կարգս ուղղութեան թողոյր ի գաւառսն յայնոսիկ սուրբն Եպիփան, իսկ նա չառ ընդ իւր զաշակերտսն իւր արս միանձունս լեառնականս անապատականս, արս հինգ հարիւր, երթալ գնալ յերկիրն Յունաց: Եւ մինչ դեռ երթային, ի ճանապարհին դիպեցաւ նոցա կին մի. իբրեւ անցին ընդ կինն, սկսաւ փորձել զնոսա Եպիփան, ասէ. Իբրեւ զի գեղեցիկ էր կինն եւ վայելուչ:

Ասէ մանուկ մի յաշակերտաց անտի. Կինն, զոր դու գովեցեր, միականի էր:

Եւ ասէ սուրբն Եպիփան. Դու բնաւ ընդէ՞ր նայեցար տեսանել զերեսս նորա. տեսանես զի խորհուրդք չարք կան ի քեզ:

Եւ անդէն մեկնեաց զմանուկն յիւրմէ, եւ հալածեաց զնա: Եւ ինքն չոգաւ եմուտ ի ծով մեծ, եւ նաւուք անցին յանապատ ի կղզիս. եւ ունէր զկղզին զայն աւձից բազմութիւնք, եւ էին յայնմ կղզւոջ բնակեալ աւձք իժք եւ քարբք, բազում գազանք դաժանք թունաւորք: Եւ եղեւ իբրեւ չոգան, եհաս սուրբն Եպիփան ի կղզին յայն, մերժեցան անտի գազանքն, եւ թողին զկղզին եւ գնացին: Եւ այնուհետեւ ոչ ինչ վնաս եղեւ նոցա ի կղզւոջն յայնմիկ, այլ բնակեցան անդ խաղաղութեամբ: Անդ եկեաց սուրբն Եպիփան, անդէն ի նմին կղզւոջ հանգեաւ:

Having left many orthodox institutions in these districts, saint Epip'an took his disciples—five-hundred monks who dwelt in the mountains and in the wilderness—and went to the land of the Greeks. On the road, they came across a woman. As they were passing her, Epip'an tested his disciples, and said: "How beautiful and attractive that woman was!"

One of his younger disciples said: "The woman you praised had one eye."

Saint Epip'an replied: "Why did you even look at her face? You looked because you have evil thoughts within you."

Then he expelled the lad. He himself entered a boat in a great sea and crossed over to a desert island which was full of snakes—vipers and basilisks—and many highly venomous animals. Now it happened that when saint Epip'an arrived, the animals took off and left the island, after which they all lived there peacefully without danger. There, on that island, is where saint Epip'an lived and died.

ԻԸ.

Յաղագս մեծամեծ նշանացն եւ սքանչելեացն, որ երեւեցեւ յԱստուծոյ ի Մամբրէ յետ գնալոյն Եպիփանու:

Ապա իբրեւ գնայր սուրբն Եպիփան ի գաւառէն Ծոփաց յիւր-մէ միանձնանոցէն որ անուանեալ կոչի Մամբրէ, եթող անդ բազում եղբարս միաբանս միահաւանս հաւատացեալս կր-րաւնաւորս քրիստոնէիցն, լեառնականս ճգնաւորս միան-ձունս. եւ ի վերայ նոցա երէց մի գլխաւոր: Բայց էին ի նոցանէ ոմանք, որ բնաւ ամենաեւին այլ ինչ կերակուր չէր ճաշակ-եալ նոցա ի մանկութենէ իւրեանց, բայց լոկ բանջար եւ ջուր. եւ զհամ գինւոյ գիտէին ոչ զհարդ լինի:

Եւ էր անդ եղբայր մի խստակրաւն, որ մթին վարս վա-րէր. եւ ոչ ճաշակէր ամենեւին ի բաժակէն կենարար փրկու-թեանն յուսոյն յարութեանն, այս ինքն յարենէն տեառն մե-րոյ Յիսուս Քրիստոսի: Զի ոչ կարէր հաւատալ թէ ճշմար-տիւ արիւն իցէ Որդւոյն Աստուծոյ, յորժամ ելանիցէ ի սե-ղանն Աստուծոյ. այլ նմա գինի լոկ թուէր թէ իցէ, վասն այ-սորիկ վիճէր հանապազ ընդ բազումս: Իսկ եղեւ աւր մի յաւուրց, իբրեւ կատարէին անդ զխորհուրդս գոհութեան պատարագին ի վկայանոցի անդ յայնմիկ զոր էր շինեալ սրբոյն Եպիփանու, յորժամ հանին զհացն սրբութեան եւ զգինին արիւնանալ պատարագին ի վերայ սեղանոյն, եւ կայր եղբայրն, անհաւատ ի վկայանոցին: Եւ էրէցն ելեալ կայր ի վերայ առաջի սրբոյ սեղանոյն. յորժամ յառաջ քան զմատուցանել զպատարագն համբառնայր զձեռս էրէցն ի վերայ սեղանոյն, եւ ասէր.

XXVIII.

CONCERNING THE GREAT MIRACLES EXHIBITED BY GOD AT MAMBRE AFTER EPIP'AN'S DEPARTURE.

Now when saint Epipan departed from the district of Cop'k', from his hermitage Mambre, he left behind many brothers—solitary hermits in the mountains, of one mind and one faith as Christians, with an abbot at their head. But there were those among them who, since childhood, had consumed nothing but vegetables and water, and knew not the taste of wine.

There in that hermitage was a most ascetic brother, who conducted his life in darkness and did not at all drink from the life-giving cup of salvation and of the hope of resurrection; that is, the blood of our Lord Jesus Christ. For he could not believe that it was truly the blood of the Son of God when it was raised over God's altar. It seemed to him that it was just wine, on account of which he was ever in dispute with many people. One day, when they were performing the Sacrament of the Thanksgiving of the Liturgy in the martyr-shrine that had been built by saint Epip'an, it happened that this faithless brother was in attendance when they brought out the Sacramental bread and the wine that would become the blood of sacrifice on the altar. Before offering the sacrifice, the abbot stood before the holy altar with his hands raised upon it, and said:

Տէր Աստուած զաւրութեանց, որ արարեր զամենայն յոչընչէ, եւ ստեղծեր զմարդ ի հողոյ կենդանի եւ անապականացու, եւ անցին զքոյով պատուիրանաւքդ, ի անկան եւ մահ իւրեանց պատուիրանազանցութեամբն: Եւ արդար դատաստանաւք քովք մերժեցեր զնոսա ի դրախտէն փափկութեան յայս աշխարհ ուստի ստեղծեր, եւ գրաւեցան լինել ընդ մահապարտութեամբ. սակայն ոչ թողեր ի ձեռանէ, բարերարդ Աստուած, այլ տեսչութեամբ եւ շնորհաւք միածնիդ քո վերստին ծննդեամբ նորոգեցեր զստեղծուածս քո, եւ բազում կերպարանաւք այցելու եղեր արարածոց քոց: Առաքեցեր զմարգարէս, արարեր զաւրութիւնս ազգի ազգի նշանս ի ձեռն սրբոց քոց որք յազգս ազգս իւրեանց հաճոյ եղեն առաջի քո. ետուր զաւրէնս յաւգնականութիւն, առաքեցեր հրեշտակս վերակացուս: Իսկ իբրեւ եկն կատարած ժամանակաց, խաւսեցար ընդ մեզ միածին Որդւովդ քո որով զաշխարհս արարեր, որ է պատկեր փառաց քոց եւ կերպարանք էութեան քո, եւ կրէ զամենայն բանիւ զաւրութեամբ. որ ոչ ինչ յափշտակեաց զէական Հաւրն զբընութեանն հաւասար պատիւ անձինն, այլ Աստուածն յաւիտենական ի յերկրի երեւեցաւ, ընդ մարդկան շրջեցաւ, ի սրբոյ կուսէն մարմնացաւ, զկերպարանս ծառայի էառ, եւ եղեւ ի նմանութիւն տկարութեանս մերոյ, զի արասցէ զմեզ նմանակիցս փառաց իւրոց: Զի յամենայն գայթակղութեանց եւ յամենայն մոլորութենէ փրկեցեր զմեզ. եւ բարձեր յամենայն երկրէ զանյուսութիւն թերահաւատութեան, եւ ետուր զյուսոյ զհաւատս յարութեան ամենայն քոց արարածոց, որոց եւ զնմանութիւն պատկերի կերպարանաց քոց շնորհեցեր:

"O Lord God of Hosts, Creator of all from nothing, Who from dust formed man, living and incorruptible, who transgressed Your Commandments and thus fell into death. By Your just judgments you expelled man from paradise and into this world from which You created him, where he was condemned to die. Yet You, beneficent God, did not forsake man, but by the providence and grace of Your Only-begotten Son, You renewed Your creatures with a second birth and made visitations through many forms. You sent prophets, performed various miracles among various peoples through Your saints, who became pleasing to you. You gave the law to help us and sent angels to look after us. And when the end of times came, You spoke to us through Your Only-begotten Son with Whom you created the world, Who is the image of Your glory and the representation of Your being, Who upholds all things by the Word of His power,[12] Who took nothing away from the substance of the Father but held equal honor in His person, appeared on earth as the eternal God, walked among men, became incarnate from the Holy Virgin, and took the form of a servant in the weakness of our humanity to make us sharers in His glory. For You saved us from every offense and error and removed the hopelessness of a faithless life from all the earth, and gave hope and faith in the Resurrection to all Your creatures, to whom You gave the likeness of Your image.

---

12 cf. Hebrews 1:3.

Եւ հաւատովքն, զոր ետուր զաւրանալ ի մարդիկ, զամենեսեան առ հասարակ միանգամայն կեցուցեր շնորհելով. զի ոչ եթէ վասն արդարութեանց ինչ մերոց, զի ոչ ինչ արարաք զբարիս ի վերայ երկրի, այլ վասն ողորմութեան եւ գթութեան քո զոր սփռեցեր ի մեզ համարձակիմք խնդրել ի սրտագէտէդ, որ քննես զսիրտս եւ զերիկամունս որդւոց մարդկան: Դու, տէր, սրտագէտ յամենայնի, դու գիտես զճշմարտութեան զվաստակոց զառնս զայսորիկ, զի խրստամբերութեամբ վարի ի վարս վաստակոց իւրոց, եւ չիք հաւատք ի սմա. արդ յաւել ի սա հաւատս քան զհատ մանանխոյ, զի մի՛ կորիցէ անձն սորա: Հովիւ քաջ, որ ելերդ ի խնդիր ոչխարին կորուսելոյ, եւ եդիր զանձն քո ի վերայ խաշանց քոց, արդ եւ զսա փրկեա ի թերահաւատութենէս յոր ըմբռնեալս է, զի մի՛ յափշտակեսցէ թշնամին զանձն սորա, եւ քո ստեղծուածս եւ նմանութիւն կերպարանացս յապականութիւն յաւիտենական կորստեան մատնեսցի:

Եւ զայս աղաւթս մատուցանէր էրէցն յառաջ քան զմատուցանելն պատարագին, եւ յետ այսորիկ մատոյց կատարեաց զպատարագամատոյցն զամենայն: Իբրեւ ասաց Հայր մեր որ յերկինս, եդ ծունր եւ կայր յաղաւթս յերկար: Եւ մինչ դեռ եդեալ էր նորա ծունր եւ կայր յաղաւթս, եւ կայր եղբայրն թերահաւատ ի յոտն, ի խոնարհ ի բեմէն նայէր ի սեղանն, սկսաւ տեսանել մեծամեծ սքանչելիս աչաւք բացաւք իւրովք: Քանզի տեսանէր զՔրիստոս, զի իջեալ կայր ի վերայ սեղանոյն. եւ բացեալ էր իւր զվէրսն ի կողմանէ, զոր ի կողսն գեղարդեամբն խոցեցին. եւ ի վիրէ կողիցն արիւնն ցնցղկացեալ հոսէր ի բաժակ անդր պատարագին, որ եդեալ էր ի վերայ սեղանոյն: Իսկ իբրեւ ետես զայս եղբայրն թերահաւատ կրաւնաւորն, զարհուրեալ դողացեալ խռովեալ տագնապեալ յերկիր կործանեալ կայր, ի բերանս հարեալ, պարտեալ թալացեալ ոգին սպառեալ յինքենէ:

"You gave life to everyone by the faith that You strengthened among all—not on account of our righteousness for we have done nothing good on this earth, but on account of Your mercy and compassion which You have spread upon us. And so we venture to ask you, O knower of hearts, Who knows the minds and hearts[13] of the sons of men, Who truly knows the labors of this man who leads the most ascetic life without even a trace of faith in himself: Give him a mustard seed of faith lest he loses his soul. O good shepherd, Who went out to seek His lost sheep, and laid down Your life for Your sheep, save him from the lack of faith that has gripped him, lest the enemy seizes his soul and Your creature that was made in Your likeness be betrayed to eternal destruction."

Thus the abbot prayed before offering the sacrifice and administering the liturgy. Then he said the Lord's prayer and knelt down and prayed for a long time. While he was on his knees praying, the brother of little faith was watching the altar from the bema beneath and with open eyes began to witness a great miracle: He saw that Christ had come down on the altar, and the wound on his side where they had thrust the spear was open,[14] and blood from the wound was pouring down into the chalice that had been placed on the altar. When the brother of little faith saw this, he was terrified, trembling, in a state of perplexion and alarm, speechless and defeated. Out of breath, he fell and fainted.

---

13 see Revelation 2:23.
14 John 19:34.

Ապա երէցն յարուցեալ կատարեաց զգործ սրբութեան պատարագին. իջուցեալ զսրբութիւն աւրհնացն ի բեմբէն, ետես զեղբայրն, զի յերկիր կործանեալ թալացեալ կայր: Իբր ետ ում տալ էր զաւրէնսն, եւ եհան զմնացորդսն ի սեղանն, ապա ինքն մատուցեալ բուռն հարկանէր զեղբաւրէն. եւ տեսանէր, զի նա թալացեալ պակուցեալ կայր ի գետնին: Ապա ջուր արկանէր ընդ բերանաւն. իսկ նա ուրեմն եբեր զոգի. եւ զգաստացեալ, մատեաւ եկաց պատմեաց զմեծամեծ սքանչելիսն զոր ինչ ետեսն: Ապա կամեցաւ տալ նմա երէցն ի սրբութենէն անտի աւրհնացն. իսկ եղբայրն չհաւանեալ չառնոյր յանձն, վասն զի անարժան համարէր զանձն իւր: Այլ հոր հատեալ անձինն, ի ներքս իջեալ, զեւթն ամ ապաշխարեալ զթերահաւատութիւն մեղաց իւրոց, եւ յետ եւթն ամին ապա զանձն արժանի ապաշխարութեան համարէր, ելանել առնուլ ընդ աւրէնսն հաւասարել: Սակայն ի նոյն հոր իջուցեալ զանձն իւր զամենայն աւուրս կենաց իւրոց, մինչեւ ի նմին հոր վաղճանեցաւ եղբայրն: Ապա եւ նոյն երէցն հանգեաւ, եւ ի միասին երկոքին եղան ի ներքս ի վկայանոցին, ուր սքանչելիք երեւեցան յեղբայրանոցին Եպիփանու:

The abbot rose up and completed the holy liturgy, and as he lowered the sacrament from the bema, he saw that the brother was laid out on the ground. Then, having administered the sacrament to those in attendance, he put the remainder on the altar, took hold of the brother, and saw that he had fainted. He poured water onto his lips and recovered him. When the brother was brought back to his senses, he went on to relate the great miracle that he had seen. Then the abbot wanted to administer the sacrament to him, but the brother refused, for he considered himself unworthy. He dug himself a pit and went down into it. He repented for his sinful lack of faith for seven years. After seven years, he considered himself worthy of penance and came out to partake of the sacrament. Yet the brother went back into the same pit where he lived out the rest of his days and died. Then the abbot reposed, too, and the two were buried together in the martyr-shrine in the convent of Saint Epip'an where miracles occurred.

ԻԹ

Յաղագս Յուսկան որ էր ի զաւակէ Աղբիանոս եպիսկոպոսի, զոր կացոյց փոխանակ Ներսիսի թագաւորն Պապ յիւրոց կամաց առանց մեծ եպիսկոպոսապետին Կեսարու. եւ վասն այսորիկ բարձաւ իշխանութիւն հայրապետացն Հայոց զեպիսկոպոսն ձեռնադրել:

Եղեւ յետ մահուանն հայրապետին Ներսէսի կացոյց թագաւորն Պապ զՅուսիկ եպիսկոպոս, որ էր ի զաւակէ Աղբիանոս եպիսկոպոսին Մանազկերտոյ: Ետ հրաման ունել նմա զտեղի հայրապետին, իշխել փոխանակ նորա զոր սպան. եւ էր նա փոխանակ նորա: Բայց լուաւ եպիսկոպոսապետն Կեսարու թէ սպանին զմեծ հայրապետն Ներսէս, եւ փոխանակ նորա տեղի նորուն զոր կացուցին զՅուսիկ առանց նորա հրամանի եղեալ, զի ոչ արպէս սովոր էին առ հայրապետն տանել ի Կեսարիա ի ձեռնադրութիւնն:

Եւ իրքս այս մեծ զարմանալով ցասման եղեալ հայրապետին Կեսարու վասն բանիս այսորիկ, եւ եղեւ ժողով եպիսկոպոսացն սինհոդոսին նահանգին Կեսարու առանց հայրապետին. եւ գրեցին թուղթ ցասմամբ մեծապէս: Եւ նոյնպէս եւ գրեցին թուղթ առ թագաւորն Պապ, եւ լուծին զիշխանութիւնն կաթողիկոսութեանն. զի որ լիցին հայրապետ Հայոց, նա դրանն արքունի իշխեսցէ զհացն աւրհնել. եւ մի իշխեսցէ ձեռնադրել զեպիսկոպոսն Հայոց, որպէս սովորութիւն էր ի բնէ:

XXIX

REGARDING YUSIK, WHO WAS OF THE CLAN OF BISHOP AGHBIANOS, AND WAS APPOINTED BY KING PAP AS HE WILLED AND WITHOUT [PERMISSION] FROM THE GREAT CHIEF BISHOP OF CAESAREA; AND HOW AS A RESULT OF THAT, THE AUTHORITY OF THE ARMENIAN PATRIARCHS TO ORDAIN BISHOPS WAS ENDED.

After the death of the patriarch Nerses, king Pap appointed bishop Yusik, who was a son [or descendant] of Aghbianos, bishop of Manazkert. [Pap] ordered that he occupy the position of patriarch and rule in place of [the man] he had killed. And he did. But the archbishop of Caesarea heard that they had slain the great patriarch Nerses and in his place had established Yusik. This had been done without his command, for they had been accustomed to take the patriarch to Caesarea for ordination.

Surprised at this turn of events, the patriarch of Caesarea became enraged. A synodical council of bishops took place in the state of Caesarea without the patriarch. They wrote a letter expressing great anger. They also wrote a letter to king Pap dissolving the authority of the Catholicosate [and saying that] whoever was the patriarch of Armenia could bless bread at court but should not dare to ordain bishops for Armenia as had initially been the custom.

Եւ յայնմ հետէ բարձաւ իշխանութիւնն Հայոց զեպիս-կոպոսն ձեռնադրել. այլ որ լինէին եպիսկոպոսք ամենայն գաւառաց գաւառաց Հայոց եւ կողմանց կողմանց, այնու-հետեւ յայնմ հետէ որ միանգամ լինէին եպիսկոպոսք սահ-մանացն Հայոց, երթային ի քաղաքն կեսարացւոց, եւ անդ լինէին եպիսկոպոսք: Վասն զի յայնմ հետէ բարձաւ իշխա-նութիւնն յերկրէն Հայոց, այնուհետեւ ոչ իշխէին եպիսկո-պոսք ձեռնադրել. բայց որ լինէր աւագ եպիսկոպոսացն, ի վերոյ միայն նստէր, եւ հաց աւրհնէր թագաւորացն: Եւ սա քրիստոնեայ, բայց համարձակութեամբ յանդիմանու-թեամբ ինչ ընդ ումեք չիշխէր բարբառել. կամ զի երկնչոտ էր եւ հաւան, եւ ըստ կամաց թագաւորին միայն ունէր զպատիւն, եւ կայր ի լռութեան եւ ի հանդարտութեան զա-մենայն աւուրս կենաց իւրոց:

Subsequently the Armenians lost the authority to ordain bishops. Instead, those who would be bishops for all the different districts and regions of Armenia—bishops for [areas within] the boundaries of Armenia—would have to go to the city of Caesarea and become bishops there. For after this the authority was removed from the country of Armenia and [the Armenians] did not dare to ordain bishops. However [the one] who was the senior of the bishops, only sat above [the others] and blessed bread for the kings. But [Yusik] did not dare to reprimand anyone; for he was timid and compliant. He held the dignity only through the wishes of the king and for all the days of his life he remained in silence and complacency.

Լ

Յաղագս սգոյն, որպէս սգային զհայրապետն Ներսէս, եւ լինէին զնմանէ կաթոգի:

Ապա յետ սպանանելոյն Պապայ զսուրբ հայրապետն Ներսէս, տխրեցաւ ամենայն մարդ խոր տրտմութեամբ. եւ ամենայն մարդ երկրին Հայոց հաւանէին խաւսէին եւ ասէին. Բարձեալ են արդ փառք Հայոց, զի բարձաւ արդարն Աստուծոյ յայսմ երկրէ: Խաւսէին իշխանքն եւ նախարարքն, եւ ասէին. Գիտեմք արդ թէ կորեաւ երկիրս մեր. զիարդ հեղաւ արիւն արդար ի տարապարտուց, մանաւանդ զի վասն Աստուծոյ սպանաւ: Եւ խաւսէր Մուշեղ սպարապետն Հայոց եւ ասէր. Սրբոյն Աստուծոյ հեղաւ արիւն ի տարապարտուց. այսուհետեւ ես ոչ կարեմ երթալ ի վերայ թշնամեաց, եւ ոչ նիզակ ումեք ուղղել: Զի գիտեմ եթէ եթող Աստուած ի ձեռանէ զմեզ. եւ լքեալ եմք, եւ ոչ կարեմք համբառնալ զգլուխս մեր. զի գիտեմ ես եթէ չիք յաղթութիւն ի վերայ թըշնամեաց երկրիս Հայոց. յաղաւթից նորա էր յաղթութիւն որ մեռաւն, եւ ազգի նոցա: Եւ սգային ամենայն ազատք եւ շինականք ծագէ ի ծագ ամենայն սահմանաց երկրին Հայոց, ազատք եւ շինականք ամենայն բնակիչք տանն Թորգոմայ, հայ լեզուն առ հասարակ:

XXX

HOW THEY MOURNED THE PATRIARCH NERSES, AND HOW THEY LONGED FOR HIM.

After Pap had killed the blessed patriarch Nerses, everyone became extremely sad. Everyone in the country of Armenia agreed and said: "The glory of Armenia has departed, for the just [man] of God has gone from this world." The princes and naxarars spoke: "We know now that our country is lost. The blood of a just man, unjustly condemned, was shed especially since he was killed for God." Mushegh, the sparapet of Armenia spoke: "The blood of God's saint was unjustly shed. Henceforth I cannot go against the enemies or aim a spear at anyone. I know that God has forsaken and abandoned us, and we will be unable to raise our heads. I know that there will be no victory over enemies for the country of Armenia. The prayers of the man who died and [those] of his azg caused the victories." All the azats, and shinakans from every nook and cranny of all the borders of the country of Armenia were mourning, the azats, shinakans [and] generally all the inhabitants of the tun of T'orgom, [speakers] of the Armenian language.

ԼԱ

Յաղագս թէ որպէս զկնի մեռանելոյն հայրապետին Ներսիսի, եւ կամ որպէս ի նախանձ մտեալ տապալեաց թագաւորն Պապ զամենայն եղեալ կրաւնս կանոնիցն որ ինչ եղան ի Ներսիսէ առ կենդանութեամբ նորա ի նմանէն:

Իսկ թագաւորն Հայոց Պապ, զի թէպէտ եւ սպան զհայրապետն աշխարհին Հայոց զՆերսէս, սակայն ոչ յագեցաւ մահուամբ նորա, այլ ջանայր այսպէս թէ զինչ միանգամ կարգք իցեն ուղղութեան ի Ներսիսէ եղեալ յեկեղեցւոջն, եղծեսցէ եւ խանգարեսցէ: Եւ սկսաւ նախանձ վարել ընդդէմ յառաջագոյն կանոնելոցն ի նմանէ. եւ սկսաւ հրաման տալ յայտնապէս յաշխարհին աւերել զայրենոցսն եւ զորբանոցսն զոր շինեալ էր Ներսէս ի գաւառս գաւառս, եւ աւերել զկուսաստանսն ի գաւառս գաւառս եւ յաւանս յաւանս պարսպեալս եւ ամրացեալս, որ նորին Ներսիսի էր շինեալ վասն ամրապահս առանգոցն զգուշութեան: Քանզի յիւրում կենդանութեան երանելոյն Ներսիսի էր շինեալ. շինեաց զայս կուսաստանս յամենայն գաւառս, զի որ միանգամ կուսանք եւ հաւատացեալք իցեն անդր ժողովեսցին ի պահս եւ յաղաւթս, եւ կերակրել յաշխարհէ եւ յիւրաքանչիւր ընտանեաց: Զայն աւերել հրամայէր Պապ թագաւորն, եւ զկուսանսն հաւատացեալս տայր հրաման ի խառնակութիւն պղծութեան:

XXXI

HOW KING PAP, FOLLOWING THE DEATH OF THE PATRIARCH NERSES, DESTROYED OUT OF JEALOUSY ALL THE CANONICAL RULES WHICH HE HAD ESTABLISHED.

Now Pap, the king of Armenia, although he had killed the patriarch of the land of Armenia, Nerses, nonetheless was not satiated by his death. Rather he tried to corrupt and obstruct the correct arrangements which Nerses had introduced into the Church. He began to act with jealousy regarding the canons established by him previously. He began to clearly order that the [homes] for widows and orphans which Nerses had built in the different districts of the land be destroyed, and that the walled residences for virgins which Nerses had built in the different districts and awans, built to protect securely from kidnapping, be destroyed. During his lifetime the venerable Nerses had built these residences in all the districts for virgins who were believers so that they could be gathered there for fasting and praying, to be fed from the land and from each family. King Pap ordered that these [institutions] be destroyed and that the believing virgins be subjected to abominable intercourse.

BOOK V

Եւ յամենայն աւանս էր շինեալ նորին Ներսիսի եւ հիւանդանոցս, յամենայն կողմանց եւ ռոճիկս եւ դարմանս կարգեալս, եւ արս հաւատարիմս թողեալ տեսուչս հիւանդացն եւ աղքատացն. նոյնպէս եւ այնոցիկ յանձն արարեալ որք երկիւղածքն էին յԱստուծոյ, որք դատաստանացն յաւիտենականացն եւ գալստեանն Քրիստոսի սպասէին: Զվերակացուսն հալածէր թագաւորն յիւրաքանչիւր տեսչութենէ, եւ զտեղիսն ի բաց աւերէր: Զոր վերակացուսն կարգեալ էր Յաղագս չքաւորացն եւ աղքատաց տեսուչ, զնոսա ի բաց հալածէր. եւ հրաման տայր ամենայն աշխարհի իշխանութեանն իւրոյ. Աղքատքն բայց եթէ ի մոյր ելցեն. այլ անդր ոք ինչ մի իշխեսցէ տանել, եթէ ոչ նոքա եկեսցեն ժտեսցեն աղաչեսցեն, ապա թէ գտանել հազիւ ինչ կարասցեն: Եւ զկարգս պտղոյն եւ զտասանորդացն որ ի նախնեացն կարգեալ սովորութիւն էր տալ յեկեղեցին, վասն այնորիկ հանէր հրաման ընդ աշխարհ զի մի ոք տացէ:

Եւ յաւուրսն Ներսիսի հայրապետի ոչ ոք իշխէր ի նըմանէ հանել կամ թողուլ զկին իւր զամուսին յամենայն երկիրն Հայոց. զոր միանգամ քաւղով կամ պսակաւ հարսանեացն աւրհնութամբ առեալ էր. եւ ոչ այլ առնել միւսանգամ իշխէր ոք համարձակել: Եթէ յանկարծ մեռանէր ոք, ոչ ոք իշխէր անյուսութեամբ արտաքոյ կարգի կանոնի եկեղեցւոյ լալ զմեռեալն. եւ ոչ կոծ ոք դնէր կամ աշխարանս մեռելոյն, եւ ոչ ձայնս ոք արկանէր ի վերայ մեռելոյն յաւուրսն Ներսիսի. այլ լոկ արտասուաւք եւ ըստ արժանի սաղմոսիւք եւ աւրհնութեամբ, կանթեղաւք եւ մոմեղինաւք լուցելովք զմեռեալսն յուղարկէին: Իսկ յետ մահուան նորա այնուհետեւ ամենայն մարդ առին հրաման համարձակութեամբ ի թագաւորէն, թողուլ զկանայս զամուսինս իւրեանց. էր զի մի այր տասն կին փոխէր. եւ առ հասարակ յանաւրէնութիւն դարձան միանգամայն: Ապա յետ մահուան Ներսիսի յորժամ զմեռեալսն լային, փողովք եւ փանդռաւք եւ վնաւք զկոծսն պարուցն կաքաւելով, զտիգսն հատեալս, զերեսս պատառեալս, արք եւ կանայք պղծութեամբ ճիաղութեամբ պարուք դէմ ընդդէմ հարկանելով, եւ կամ ափս հարկանելով, զմեռեալսն յուղարկէին:

In all the awans and regions Nerses had also built hospitals, setting up stipends and provisions and he had left reliable overseers for the sick and poor, people who feared God and were awaiting the eternal judgements and the coming of Christ. The king chased the overseers from their superintendency and totally destroyed the places. Those who had been appointed overseers for the indigent and poor [Pap] persecuted completely. And he commanded every land under his sway: "Let the poor go out begging, let no one take food to them there [in the poor houses]. If they do not go forth beseeching and begging, they will hardly find anything." As for the arrangements for the *ptghi* and *tasanordi*[15] which had been stipulated from [the time of] the ancestors as customary for giving to the Church, [Pap issued] this order throughout the land: "Let no one give them."

During the days of patriarch Nerses no one dared to remove from himself or abandon his wedded wife throughout the entire country of Armenia, [a wife] he had taken with the blessing of the nuptial veil or crown. Nor in Nerses' day did anyone dare to take another's [wife]. If someone died unexpectedly, no one dared to weep for the deceased without hope, beyond the established canon of the Church, nor to lament excessively nor to make noises over the deceased. They would merely bury the deceased with tears, fitting psalms, blessings, lamps and lit candles. But after [Nerses'] death, everyone boldly took the king's command and left their wedded wives, [to the point] that one man changed women ten times. And simultaneously they all turned to impiety. After Nerses' death, when [the people] mourned the dead, they wept, they danced mourning [dances to the accompaniment] of horns, *p'andirs* and *vins*, slashing their arms, tearing their faces, men and women committing monstrous abominations as they faced each other in the dance, striking their palms. Thus did they bury the dead.

---

15 *Ptghi and tasanordi:* tithes.

Իսկ յամսն Ներսիսի զաղքատս բնաւ ամենեւին ի մոյր ոչ տեսանէր ընդ ամենայն սահմանսն Հայոց. այլ անդէն ի հանգստեան նոցին, այս ինքն յաւրկանոցսն, ամենայն մարդիկ տանէին զամենայն պիտոյս նոցա. անդէն իսկ անկապաւտ յամենայն ումեքէ լցեալ էին: Իսկ յետ մահուն քահանայապետին թէ առնէր ոք հանգիստ աղքատացն մեծ պատիժս կրէր ի թագաւորէն:

Իսկ յաւուրսն Ներսիսի ընդ ամենայն երկիրն Հայոց կարգք պաշտաման եկեղեցւոյն մեծապէս պայծառացեալ էր. եւ բազմութիւն սրբոց պաշտաւնէիցն կանոնելոցն: Եւ յիշատակ սրբոց վկայից յաւուրս նորա յամենայն տեղիս Հայոց մեծախումբ ժողովովք հանապազ պայծառանային, եւ պատիւ հարցն եպիսկոպոսաց յամենայն գաւառս Հայոց յաճախէր ըստ արժանի իւրեանց. եւ կարգք վանականաց եւ ի շէնս եւ յանշէնս առ հասարակ ծաղկեալ: Այլ ամենայն եղծեալ ապականեցաւ խանգարեցաւ յետ մահուան նորա:

Իսկ յաւուրս քահանայապետութեան Ներսիսի ամենայն գաւառք Հայոց յամենայն ի շէնս եւ ի գիւղս յամենայն կողմանս Հայոց առ հասարակ ի հրամանէ քահանայապետին էին շինեալ աւտարատունք հիւանդանոցք աւտարանոցք. եւ ամենայն մարդիկք երկրին Հայոց էին պտղաբերք եւ ողորմածք առ ի յիշել զաղքատս եւ զնեղեալս, զտառապեալս եւ զաւտարս, զհարստահարս, զնշդեհս, զպանդուխտ, զհիւրս, զանցաւորս. եւ էր նոցա կարգեալ վերակացուս սրբոյն Ներսիսի, եւ դարմանս ի տեղեաց տեղեաց: Իսկ յետ մահու նորա աւերեաց զայն ամենայն թագաւորն Պապ, եւ անարգեաց զպատիւ եկեղեցւոյ. եւ բազում ինչ կարգ եւ կանոնաց ուղղութեան յաւրինուածոց զոր եդ հայրապետն Ներսէս, եւ անցեալ դարձեալ ի մոռացաւնս զամենայն կարգեալն տապալէր: Յետ նորա ելիցն յաշխարհէս բազում գաւառք Հայոց եւ բազում մարդիկ ի հնութիւն դիւապաշտութեան դարձան եւ ընդ բազում տեղիս Հայոց կուռս կանգնեցին ի համարձակութենէ թագաւորին Պապայ. զի ոչ գոյր յանդիմանիչ, եւ ոչ ոք էր այն յորմէ խիթային. զինչ եւ կամէին գործել, համարձակութեամբ գործէին. բազումք պատկերս կանգնեալ երկիր պագանէին:

Now during Nerses' day, the poor were never seen begging throughout all the borders of Armenia. Rather, they all remained in their places of repose, that is, in the leprosaria, and everyone took them everything they needed. Thus were they satiated, not needful of anyone. But after the death of the chief-priest, if anyone did anything to give ease to the poor, he would bear great punishment from the king.

During Nerses', day the orders of worship of the Church were especially radiant and [there was] a multitude of blessed canonical clerics and commemoration of the blessed martyrs were always glowingly being conducted everywhere in Armenia in huge assemblies, and the honor of the father-bishops grew in accordance with their worth in all the districts of Armenia while the orders of monastics flourished both in the cultivated and the non-cultivated places. But after his death, all this was corrupted, polluted, and obstructed.

During the days of the chief-priest Nerses, by his order [people] had built in all the *shen*s and villages of all parts of the districts of Armenia, dwellings for foreigners, hospitals, *otaratunk'*,[16] and everyone in the country of Armenia bore fruits[17] and alms, remembering the poor, the exploited, those in tribulation, foreigners, the exploited, rebels, exiles, guests and transients. For them the blessed Nerses set up superintendents and provisions everywhere. But after his death king Pap destroyed all this and dishonored the honor of the Church. Furthermore, many correctional arrangements and canons which the patriarch Nerses instituted were overturned and forgotten. After [Nerses'] departure from the world, many districts of Armenia and many people returned to the ancient worship of the gods, and they erected idols in many places of Armenia because of the boldness of king Pap. For there was no one to reprimand them, no one before whom they felt embarrassment. Whatever they wanted to do they did brazenly. After erecting many images, they worshipped them.

---

16 *Otaratunk'*: inns.
17 *Fruits:* i.e., offerings.

Եւ հատ եւս յարքունիս Պապ թագաւոր զհող եկեղեցւոյն, զոր տուեալ էր թագաւորին Տրդատայ առ մեծաւն Գրիգորիւ քահանայապետիւ ի սպաս պաշտաման եկեղեցւոյն ընդ ամենայն երկիրն Հայոց: Զի յեւթն հողոյն զհինգն հատանէր յարքունիս, եւ զերկուսն միայն թողոյր, երկուս հողս: Եւ ըստ հողոյն թողոյր երկուս երկուս առ գեւղ մի ե-րէց եւ սարկաւագ, եւ զայն սպասու կացուցանէր յիւր ի ծառայութեան զեղբարս եւ զորդիս երիցանցն եւ սարկաւագացն: Զի նմա այսպէս թուեցաւ եթէ զայն չար ինչ կամացն հեճուկս Ներսիսի առնիցէ ի կենդանեաց առ մեռեալս, վասն թշնամութեանն զոր ունէր ընդ նմա: Եւ զայն ոչ ածէր զմտաւ թէ զանձն կորուսանէ: Եւ ի ժամանակին նուաղէին ամենայն կարգք եկեղեցւոյ պաշտամանն սպասուցն յամենայն երկիրն Հայոց:

Moreover, king Pap confiscated for the court the Church land which king Trdat of Armenia had given in service to the worship of the Church in the entire country of Armenia, during the time of the great chief-priest Gregory. Of seven lands, [Pap] confiscated five, leaving only two [for the Church]. In accordance with the size of the land, he left two [clerics] in service, a priest and a deacon, while placing in service to himself the brothers and sons of priests and deacons. He thought by behaving in this fashion, to express the hostility he had for [Nerses], he would move despite [his policies]. But he never thought about his personal ruination. In that period all the orders of Church worship declined throughout the entire country of Armenia.

ԼԲ

Յաղագս թագաւորին Պապայ թէ որպէս խոտորեցաւն ի թագաւորէն Յունաց, կամ որպէս սպանաւ ի զաւրացն Յունաց:

Եւ շրջեաց զմիտս իւր թագաւորն Պապ եւ խոտորեաց զսիրտ իւր ի թագաւորէն Յունաց, եւ կամեցաւ խառնել զնէր իւր եւ առնել միաբանութիւն ընդ թագաւորին Պարսից: Եւ սկսաւ թիկունս իւր առնել զարքայն Պարսից, եւ արձակել անդրէն հրաշտակս Յաղագս միաբանութեան: Եւ առաքէր հրեշտակս առ թագաւորն Յունաց, եթէ Կեսարիաւ հետ եւ տասն քաղաք մեր լեալ է, արդ ի բաց տուր. եւ զՈւռհա քաղաք շինեալ է նախնեացն մերոց. արդ եթէ ոչ կամիս խանգար ինչ առնել, տուր ի բաց. ապա թէ ոչ, կռուիմք մեծաւ պատերազմաւ: Այլ Մուշեղ եւ ամենայն իշխանքն Հայոց շատ եդին ի մտի արքային, զի մի քակեսցէ զուխտ յերկրէն թագաւորութենէն Յունաց. եւ ոչ անսաց նոցա, եւ յայտնեաց զթշնամութիւն իւր զոր ունէր ընդ թագաւորին Յունաց:

Այլ իշխանքն Յունաց եւ զաւրքն նոցին տակաւին էին յերկրին Հայոց. եւ անուն իշխանացն միումն Տէրէնտ, միւսումն Ադէ: Եւ յղեաց դեսպան մի գաղտուկ թագաւորն Յունաց առ իշխանսն զաւրացն իւրոց որ էին յերկրին Հայոց, եւ հրաման տայր սպանանել զթագաւորն Հայոց զՊապ:

XXXII

HOW KING PAP TURNED FROM THE EMPEROR OF THE BYZANTINES AND WAS SLAIN BY BYZANTINE MILITARY COMMANDERS.

Then king Pap changed his mind and turned his heart away from the Byzantine emperor, wanting to have unity and friendship with the Iranian king. He began to support the king of Iran and to send messengers regarding alliance. He also sent messengers to the Byzantine emperor saying: "Caesarea and ten [other] cities belong to us, so give them up. The city of Edessa was built by our ancestors. If you don't want any disturbance, give them up. Otherwise, we will wage great warfare." But Mushegh and all the Armenian princes frequently advised the king not to destroy the covenant with the Byzantine empire. However, [Pap] did not heed them and expressed the enmity which he had with the Byzantine emperor.

Now the Byzantine princes and their troops were still in the country of Armenia. These princes were named Terent and Ade. The Byzantine emperor secretly sent an emissary to the princes of his troops who were in the country of Armenia and ordered them to kill the king of Armenia, Pap.

Եւ եղեւ իբրեւ ընկալան զայս հրաման ի թագաւորէն Յունաց իշխանքն իւր որ էին ի Հայոց երկրին, սպասէին մահու ի դէպ սպանանել զթագաւորն Հայոց զՊապ: Եւ եղեւ ի դիպան ժամանակի իբրեւ գիտացին Տէրէնդն եւ Ադէն զաւրավարքն զաւրացն Յունաց թէ միայն է թագաւորն Հայոց Պապ, եւ ամենայն մեծամեծքն եւ զաւրքն Հայոց չէին անդ, եւ էր թագաւորն Հայոց Պապ բանակեալ ի դաշտին ի Բագրաւանդ գաւառի ի Խու անուն տեղւոյն, եւ բանակ զաւրացն Յունաց բանակեալ էր անդէն մաւտ առ բանակին Հայոց արքային. ապա զաւրավարն Յունաց հաց մեծապէնգործեալ յընթրիս հրաւիրեալ կոչեցին զմեծ թագաւորն Հայոց զՊապ մեծապէս ըստ արժանաւորութեան նորա, որպէս աւրէն էր զայր թագաւոր ի հաց մեծ կոչել. եւ առնէին կազմութիւն պատրաստութեան:

Եւ եկեալ թագաւորն Պապ յընթրիս, մտեալ բազմեցաւ յուտել եւ յըմբել: Եւ իբրեւ մտանէր արքայն ի խորանն Տէրէնդի զաւրավարին Յունաց, եւ լէգէոն սպարակիր հետեւակն վահան ի ձեռն, սակուր զգաւտւոյ, շուրջ ի ներքոյ զործովք խորանին պատեալ պսակէին. սոյնպէս եւ արտաքոյ կազմէին ի ներքոյ կուռ վառեալք, եւ ի վերոյ հանդերձք զգեցեալք պատրաստէին: Իսկ թագաւորն Պապ համարէր ի միտս իւր թէ ի պատիւ ինչ նորա զայն առնիցեն: Եւ մինչ դեռ յընթրիսն ուտէր, սակրաւոր զաւրքն ի թիկանց կուսէ նորա կարգեալք պսակեալք կային շուրջ զնովաւ յամենայն կուսէ:

When the princes received this command from the Byzantine emperor, they waited for an opportune moment to kill king Pap. This moment occurred when Terent and Ade, the generals of the Byzantine troops, knew that king Pap was alone, that all the grandees and the Armenian troops were not there. [At that time] king Pap was encamped at a place called Xu in a plain of Bagrewand district, while the Byzantine troops were nearby. So the Byzantine generals prepared a grand banquet and invited the great king of Armenia, Pap, to dinner. This was done grandly, in accordance with his worth, as was the rule in calling a king to a banquet. They organized and prepared.

King Pap went to the dinner, entered [the dining area], and sat down to eat and drink. When the king entered the tent of the Byzantine general Terent [he noticed] the legion of shield-bearing foot soldiers positioned around the inside walls of the tent with shields in hand, and battle-axes at their waist. Similarly, outside stood men ready, heavily armed under their clothing. King Pap thought that this had been done to honor him in some way. While he was eating, the troops with the battle-axes stood behind and on all sides of him.

Իբրեւ ընդ գինիս մտին, որպէս զառաջին ուրախութեանցն նուագն մատուցին արքային Պապայ, եւ առ հասարակ թմբկահարք եւ սրընգահարք, քնարահարք եւ փողահարք իւրաքանչիւր արուեստաւք պէսպէս ձայնիւք բարբառեցան: Եւ վահանաւոր լեգէոնին հրաման ետուն. եւ մինչ դեռ թագաւորն Պապ զուրախութեան գինին ունէր ի մատունս իւր, եւ նայէր ընդ պէսպէս ամբոխ գուսանացն, ահեակ ձեռամբն յարմունկ յոր յեցեալ բազմեալ էր ունէր տաշտ ոսկի ի մատունս իւր. իսկ աջ ձեռնն եդեալ էր ի դաստապան նրանին զոր կապեալն էր յաջու ազդերն իւրում. եւ մինչ դեռ բերանն ի բաժակին էր յըմպելն, եւ աչաւքն յառաջ կոյս պշուցեալ հայէր ընդ պէսպէս ամբոխս գուսանացն հրաման լինէր ակնարկելով զաւրացն Յունաց: Եւ լեգէոն սակրաւորքն երկու ի թիկանց կուսէ կային ի սպասու ոսկիկմբէ վահանաւքն, յանկարծաւրէն կից ի վեր առեալ զսակուրսն, զարկանէին թագաւորին Պապայ. մին կշիռ զուլն հարկանէր սակրաւն, եւ միւսն եւս սակրաւորն զաջ թաթ ձեռինն որ կայր ի վերոյ դաստապանի նըրանին հարկանէր, կտրէր եւ ի բաց ընգենոյր: Անդէն ի բերանս տապալէր թագաւորն Պապ. եւ գինին տաշտիւն եւ արիւնն պարանոցին նովաւ հանդերձ ի վերայ բաժակալ սկտեղն անկանէր առ հասարակ, եւ անդէն սատակէր թագաւորն Պապ: Ընդ շփոթելոյ տաճարին խռովութեան Գընէլ տէր գաւառին Անձեւացեաց յոտն կացեալ յիւրմէ բազմականէն, հանեալ զիւր սուսերն հարկանէր զմի ի լեգէոնաց անտի սպանանէր, յայնցանէ որ հարին զթագաւորն: Ապա Տէրէնդ զաւրավարին Յունաց զիւր սուսերն հանեալ ածէր, տարակաց ի գլխոյն Գնելոյ զսկաւառակն գլխոյն ի վերայ աչացն ի բաց ընգենոյր: Եւ այլ ինչ ոք ոչ կարաց յանդգնել ասել ինչ ընդ նոսա եւ ոչ ինչ:

When they were drinking wine, they offered the first festive cup to king Pap. The drummers, flutists, harpists and horns all began to play, all making their own different tasteful sounds. There sat king Pap, holding the festive cup of wine in his hands, looking at the diverse crowd of gusans. As he leaned on his left elbow, he held in his left hand a golden drinking goblet, while his right hand was fingering the handle of his sabre which was attached to his right thigh. His cup was to his mouth to drink, and his eyes were fixed straight ahead on the diverse crowd of gusans. With an eye gesture, the order was given to the shield-bearing Byzantine troops. Suddenly two of the legionnaires who stood behind [Pap] bearing shields with gold bosses, raised their battle-axes and struck king Pap. One cut his neck while the other battle-axe sliced off the right hand which was on the handle of his sabre. The hand fell off. King Pap fell on his face then and there. The wine from the goblet, the blood from his neck and [Pap's] body fell together onto the table as king Pap perished immediately. In the confusion arising in the temple, Gnel, lord of the Anjewac'ik' district, arose from his couch, drew his sword, and struck and killed one of the legionnaires who had killed the king. Then the Byzantine general Terent drew his own sword and cut off Gnel's head above the eyes. And no one could say anything about it. Not a thing.

ԼԳ

Յաղագս որ ինչ խորհեցան ի յետոյ իշխանքն Հայոց, ապա անցին կացին լուռ:

Եւ ժողովեցան եկին ամենայն իշխանքն Հայոց մեծամեծք ի մի վայր եւ միասին, եւ Մուշեղ սպարապետն եւ Հայր մարդպետ, եւ ամենայն իշխանքն ասէին. Զի՞նչ արասցուք կամ զի՞նչ գործեսցուք, խնդրեսցո՞ւք զվրէժ թագաւորին մերոյ թէ ոչ: Եւ ապա հաստատեցաւ այս բան ի խորհրդեանն, եւ ասեն. Ոչ կարեմք հեթանոսաց ի Պարսկաց ի ծառայութիւն մտանել, եւ թշնամի առնել զթագաւորն Յունաց, եւ ոչ զերկոսեն թշնամի առնել. եւ ոչ առանց միոյ թիկանց կարեմք կեալ: Ապա եկաց այս բան ի խորհրդին, թէ զինչ եղեւ ահա եղեւ. թող ծառայեսցուք թագաւորին Յունաց, կացցուք ի հնազանդութեան իշխանութեան թագաւորութեանն Յունաց. զիարդ եւ կամք իցեն թագաւորութեան Յունաց արասցեն մեզ: Եւ ոչ ինչ արկին ի միտ, կամ վրէժ խնդրել, կամ այլ ազգ ինչ իրս առնել. այլ անցին կացին լուռ:

XXXIII

WHAT THE ARMENIAN PRINCES CONFERRED ABOUT, AND HOW THEY KEPT SILENT.

There gathered together all the grandee princes of Armenia, sparapet Mushegh, and Hayr mardpet. All of the princes asked: "What shall we do, how shall we act? Should we seek to avenge our king or not?" Then they confirmed in discussion that: "We cannot enter the service of the pagan Iranians and make an enemy of the Byzantine emperor, nor can we make enemies of both of them. But we cannot survive without the aid of one of them." They reached the conclusion that what had happened was past. "Let us serve the Byzantine emperor and remain obedient to the authority of the Byzantine empire, and do as it says." In no way did they plan to seek vengeance or to do anything else. Rather, they passed over it in silence.

ԼԴ

Յաղագս թագաւորելոյն Վարազդատայ երկրին Հայոց յետ Պապայ:

Եւ եղեւ յետ մահուն Պապայ թագաւորին Հայոց, թագաւորեցոյց թագաւորն Յունաց զՎարազդատ ոմն ի նմին տոհմէն արշակունի ի վերայ աշխարհին Հայոց: Եկն բազում շքով եմուտ յերկիրն Հայոց, եւ թագաւորեաց յերկրին Հայոց: Եւ էր նա մանուկ յաւուրց, լի արութեամբ, կորովի ձեռաւք, քաջ սրտիւ, եւ ի մտաց թեթեւ, մանգաբարոյ տղայահանճար մանկամիտ: Բայց սակայն իբրեւ տեսին զնա, ժողովեցան առ նա ամենայն ազգք Հայոց մեծամեծք նախարարք, եւ կամեցեալ խնդացին զթագաւորելն նորա ի վերայ իւրեանց:

Եւ սպարապետն Հայոց Մուշեղ առաջնորդէր Հայոց. եւ զգուշանայր զսահմանաւքն Հայոց, որպէս սովոր էր կարգել զաշխարհ մեծապէս. եւ խրատ բարեաց թագաւորին մանկանն Վարազդատայ մատուցանէր: Եւ հոգայր հանապազ վասն թագաւորութեան աշխարհին Հայոց, եւ զիարդ կամ որպէս շէն լինել մարթասցէ. եւ հանապազ երկս արկանէր բարեխորհուրդն, զի հաստատուն կալ կարասցէ թագաւորութիւնն: Խորհէր եւս ընդ իշխանսն Յունաց, եւ նոքաւք ընդ կայսերն, թէ պարտ է նոցա քաղաք մի շինել յերկրին Հայոց. ի մի մի գաւառսն, որ մին մի քաղաքս, որ երկուս երկուս ամուր պարսպաւորս զաւրանիստս հաստատել ընդ ամենայն երկիրն Հայոց, մինչեւ ի Գանձակ սահման երկիրն, որ Պարսից կուսէ էր, Հայոց սահման էր. եւ զամենայն ազատսն Հայոց կայսերական թոշակաւքն զինուորել. սոյնպէս եւ զաւրաց երկրին Հայոց, զի այսպէս ամենայն զգուշութիւն լիցի առ ի թշնամեաց իւրանց ի զաւրացն Պարսից: Եւ թագաւորն Յունաց յանձին ունէր մեծաւ խնդութեամբ առնել զայս. զի այսու ամենայնիւ աշխարհին հաստատուն լիցի եւ անշարժ ի նըմանէն, զի մի կարասցէ թագաւորն Պարսից յիւր վտարել զաշխարհին Հայոց:

XXXIV

THE ENTHRONEMENT OF VARAZDAT OVER THE COUNTRY OF ARMENIA AFTER PAP.

After the death of king Pap of Armenia, the Byzantine emperor made a certain Varazdat the king. He was from the same Arsacid tohm. He came with much pomp, entered the country of Armenia, and ruled as king. He was a youth, full of bravery, with powerful hands, a brave heart, but light-minded, with a child's capricious cunning. However when all the azgs of Armenia's grandees saw him, they gathered around him and were delighted that he would reign over them.

Mushegh, the sparapet of Armenia, was leading Armenia, protecting all the borders as was his custom, and he offered good advice to the young king Varazdat. He was constantly concerned about the kingdom of the land of Armenia, how it might be made to flourish. He was always giving good advice so that the kingdom could remain secure. He also consulted with the Byzantine princes, and through them with the emperor that they should build "cities" in the country of Armenia. [He suggested] that secure, walled military bases [be constructed] one in every district with a city, and two where there were two [cities] throughout the entire country of Armenia, as far as Ganjak on the Iranian side, which was the border of Armenia. [He proposed] that all the Armenian azats should be provided with imperial stipends as well as the troops of the country of Armenia. Thus there would be full attention directed at their enemy, the Iranian troops. The Byzantine emperor was overjoyed to do this, for in this manner the land would be totally secure and not move away from him, and the king of Iran would be unable to make the land of Armenia his own.

ԼԵ

Յաղագս թէ որպէս ի բանս չարախորհուրդս եւ անմիտ մարդկան ելեալ թագաւորն Հայոց Վարազդատ, զզաւրավարն Հայոց Մուշեղ սպանանէր:

Այլ իբրեւ տեսանէին զթագաւորն Հայոց Վարազդատ մեծ նախարարքն Հայոց թէ մանուկ բանսերթուկ է, զչար ի բարոյ որոշել չգիտէ, սկսան այնուհետեւ ըստ կամաց իւրեանց վարել զթագաւորն. որպէս եւ կամէին, բանիւք իւրեանց տանէին եւ բերէին զնա: Նա առաւել ունկն դնէր մանկտոյն որ ի տիոց հասակակիցք էին նորա, առաւել քան զծերոցն իմաստնոց որք կարող էին զաւգտակար խրատն մատուցանել նմա:

Այլ Բատ, որ նահապետն էր ազգին Սահռունեաց տոհմին, դայեակ սնուցիչ թագաւորին Վարազդատայ, կամեցաւ նա զգործ զաւրավարութեան սպարապետութեանն Մուշեղայ յինքն յափշտակել ի նմանէ: Վասն այսորիկ սկսաւ քսիս մատուցանել զնմանէն առ թագաւորին Վարազդատայ առ իւրում սանուն, եւ ասել թէ ի սկզբան ի նախնեացն հետէ զձեր Արշակունեաց տոհմին Մամիկոնէից է կորուեալ, զի հակառակորդք ձեր դոքա լեալ են ի բնէ անտի. եւ համակ զերկիրս Հայոց դոցա է կերեալ, մանաւանդ Մուշեղի. մանաւանդ զի այր չար է եւ նենգաւոր: Զի սիրելի է ի թշնամեաց ձերոց, եւ ատելի սիրելեաց ձերոց. եւ համակ ընդ ձեզ նենգաւ է գնացեալ, երկմտութեամբ եւ դժխեմութեամբ:

XXXV

HOW THE ARMENIAN KING VARAZDAT HEEDED THE WORDS OF MALICIOUS AND SENSELESS MEN AND KILLED MUSHEGH, THE GENERAL OF ARMENIA.

When the great naxarars of Armenia saw that king Varazdat was a gullible youth, unable to differentiate good from bad, they began to manipulate the king in accordance with their wishes. With their words they led him around, any way they wanted. Varazdat was more attentive to what youths his own age said, than to what wise old people (who could have given beneficial advice) offered him.

Bat, the nahapet of the azg of the Saharhuni tohm, was the *dayeak*-nourisher of king Varazdat. He wanted to appropriate for himself Mushegh's position of general-sparapet. Consequently he began to slander him to his *san*[18] king Varazdat, saying: "From the [time of the] first ancestors onward, the Mamikoneans have been ruining your Arsacid tohm, for they have been your adversaries from the start. They have always been consuming the country of Armenia. This is especially true of Mushegh, who is a wicked and duplicitous man. Your enemies love him and those dear to you hate him. In his dealings with you, he had always acted treacherously, duplicitously, and maliciously.

---

18 *San:* foster-son.

BOOK V

Զի ո՞չ այն Մուշեղ է, որ ի թագաւորութեան ժամանակ Պապայ ի պատերազմունսն քանիցս անգամ ձեռնահաս եղեւ սպանանել զՇապուհ արքայն Պարսից, եւ ոչ եսպան, այլ արձակեաց զթշնամին. եւ երբեմն զկանայս Շապհոյ թագաւորին ի բուռն էարկ, եւ խնամոտ գթով ժանուարաւք արձակեաց զնոսա զհետ Շապհոյ: Ո՞չ այդ այն Մուշեղն է, որ զՈւռնայր արքայ Աղուանից ի բուռն էարկ, եւ սպանանել ոչ կամեցաւ, այլ արձակեաց զթշնամին: Ո՞չ այդ այն Մուշեղն է, զի զարքայն Պապ հրամանաւ դորա եւ դորին խորհրդովդ զաւրավարքն Յունաց սպանին. զի դա ոխացոյց եւ գրգռեաց զարքայն Յունաց ի վերայ թագաւորին Պապայ, մինչեւ ետ սպանանել: Այլ արժան է մեռանել ի ձեռաց քոց, եւ չէ պարտ կեալ դմա. այլ թէ ոչ աճապարեսցես, արքայ, այժմ զհայ երկիրս խորհի լնուլ քաղաքաւք, եւ զաւրանիստ առնէ բնակութեան զաւրացն Յունաց: Եւ այնուհետեւ կամ թագաւորն Յունաց հանէ ի քէն զթագաւորութիւնս Հայոց, կամ այս Մուշեղ սպանանէ, եւ ինքն թագաւորէ: Եւ այսպիսի բանիւք գաղտնի հանապազ զթագաւորն գրգռէին, մինչեւ հաւանեցաւ ըստ կամաց նոցա զսպարապետոն զզաւրավարն Հայոց սպանանել:

Ապա խորհուրդ արարին, թէ որպէս ըմբռնել կարասցեն զնա. քանզի մեծապէս երկնչէին ի նմանէն: Թէ զգայ, ասեն, մեծ պատերազմ առնէ. եւ ոչ ոք կարէ զդէմ քաջութեան նորա ունել, բայց հնարիւք մեքենաւորութեամբ ինչ լինիցի հնար: Այսպէս սպասէին նմա:

"For is Mushegh not the one who, during the reign of Pap, during the Iranian battles, could have slain king Shapuh of Iran several times, but did not? Rather, he released the enemy. On one occasion he got hold of king Shapuh's women, but sent them back to Shapuh in palanquins with care. Was it not that very Mushegh who got hold of the king of Aghuania, Urhnayr, and did not want to kill him, but instead released the enemy? Was it not by Mushegh's order and acting on his advice that the Byzantine generals killed king Pap? For [Mushegh] aggravated the Byzantine emperor and caused him to have a grudge against king Pap until he had him killed. It is fitting for him to die at your hands; he should not live. King, if you do not make haste, he is planning to fill up the country of Armenia with cities and make [it] a military base inhabited by Byzantine troops. After that, either the Byzantine emperor will remove the kingship of Armenia from you, or Mushegh will kill you and rule himself." [People] were constantly provoking the king with such words secretly, until [Varazdat] agreed with their wishes, to kill the sparapet general of Armenia.

So they plotted how they could seize [Mushegh], for they were greatly afraid of him. They said: "If he should realize what is happening, he will conduct a great war. No one can withstand his bravery; the only possible solution is through artifice." Thus they were waiting for him.

Եւ եղեւ յաւուր միոջ հրաման ետ Վարազդատ արքայ Հայոց ընթրիս մեծ գործել եւ մեծ պատրաստութիւն առնել. եւ կոչել հրամայեաց յընթրիսն զամենայն աւագս պատուականս եւ զմեծամեծս, եւ զզաւրավարն Մուշեղ: Պատրաստեաց Վարազդատ արս ընտիրս հզաւրս, զաւրեղք, զի կազմ կայցեն գործոյն, հարկանել յանկարծարէն յանպատրաստից յեղակարծումն ժամու ի վերայ Մուշեղի: Զնոսա քաջ ուրախ առնէր մեծապէս, եւ շատ գինի տայր ըմպել, եւ բազում առնէր զբաւսումն ուրախութեան: Արքայն Վարազդատ տայր նշանս յառաջագոյն այնոցիկ, զոր էր սպանաւղն պատրաստել, եթէ յորժամ գիտիցես թէ քաջ արբեալ իցէ, եւ զմտաւք զառանցեալ յարբեցութենէ սպարապետն Մուշեղ, ես յարուցեալ իբրեւ ի ճեմիշն երթալոյ պատճառաւ, եւ դուք պատեսջիք զնովաւ: Եւ եղեւ իբրեւ անցին զառանցին ի գինւոյն ըստ չափ անցանելով, եւ թագաւորն Վարազդատ պահէր զանձն ի գինւոյն: Իբրեւ գիտաց Վարազդատ թէ արդ յարբեցութենէ մտաց ինչ չզգաց, ինքն յարուցեալ իբրեւ յապարահէ զանց առնելոյ պատճառաւ, եւ աւազանին ամենայն բազմականացն յոտն կացին առ հասարակ, իբրեւ նմա պատիւ ինչ առնել: Եւ յանկարծ արքն, որոց էր տուեալ հրաման, երկոտասան այր կից զոյգ զկնի կողմանէ զնմանէ բուռն հարկանէին, վեց այր ի մի բազուկն Մուշեղի, եւ վեց այր ի միւս բազուկն:

Եւ ընդ ոտն կալ թագաւորին, նայեցեալ ընդ նա եթէ Այս ընդէ՞ր է.

եւ թագաւորին պատասխանի տուեալ, ասէ. Երթ առ Պապ արքայ, հարց եւ տես թէ ընդէր է այդ:

Եւ թագաւորն ի դուրս կոյս գնացեալ ելանէր, եւ ասէ Մուշեղ. Ի վերայ բազում հմոց վաստակոցն արեան եւ քըրտան, եւ սլաքաւքն զքիրտն ջնջելոյ, ա՞յս հատուցումն եղեւ ինձ: Բայց իբրեւ եհաս ինձ մահս, թէ ի վերայ ձիոյ դիպեալ էր...:

One day king Varazdat of Armenia commanded that a great dinner be readied, and they made great preparations. [Varazdat] ordered that all the senior honorable [men], the grandees, and general Mushegh be called to the dinner. Varazdat prepared select, powerful, mighty men capable of the job of falling upon Mushegh at an unsuspected moment. [Varazdat] made [the invitees] very merry, gave them a lot of wine to drink and made much happy diversion. Prior to this king Varazdat had given this signal to the one prepared to do the killing: "When you know that sparapet Mushegh is out of his mind with drink, I will arise on the pretext of relieving myself and you surround him." They passed to the drinking and had passed the limit, but king Varazdat kept himself away from the wine. When Varazdat believed that [Mushegh] was incapacitated from drunkenness, he got up on the pretext of going to the privy, and all the nobility stood up as if to honor him. Then suddenly, the twelve men to whom the order had been given, seized Mushegh, six on one side of him, and six on the other.

When the king got up, [Mushegh] looked at him [inquiringly] and said: "What is this"?

The king replied, saying: "Go to king Pap and ask him what it is."

The king went outside and Mushegh said: "Is this my reward for my many labors of blood and sweat, and for the sweat that I wiped away with the blade? Death should have come to me while I was mounted on a horse..."

Զայս միայն բանս ժամանեաց ասել, եւ այլ ոչ ինչ ոչ: Եւ անդէն Բատ Սահառունի, դայեակն արքային Վարազդատայ, զնրանն զոր յիւրում ազդերն ունէր հանեալ, անցոյց ընդ փողս զաւրավարին Մուշեղի. եւ անդէն ի բաց եհատ զգլուխ նորա: Եւ բարձին զնա, եւ տարան զմարմին նորա ի գեւղն իւր:

He had time to say this much, and no more, for king Varazdat's dayeak Bat Saharhuni removed the sabre he had affixed to his thigh, and slit general Mushegh's throat, cutting off his head. [People] picked up his body and took it to his village.

ԼԶ

Յաղագս անմտութեան կարծեաց ընտանեացն Մուշեղի, եւ այլ մարդկանն։

Եւ եղեւ իբրեւ տարան զմրամինն սպարապետին Մուշեղի ի տուն իւր առ ընտանիս իւր, ոչ հաւատային ընդանիք նորա մահուն նորա, թէպէտ եւ տեսանէին զգլուխ նորուն զատ ի մարմնոյն անտի։ Զի ասէին. Դորա յանթիւ ճակատ մտեալ էր, եւ վէր երբէք չէր առեալ. ոչ նետ մի դիպեցաւ երբէք, եւ ոչ այլոց զինու խոցեալ է զդա։ Իսկ կէսք յառնելոյ ակն ունէին նմա. մինչեւ զգլուխն անդէն ի կոճեղն կարեալ կցեցին, եւ հանին եդին ի տանիսն աշտարակի միոյ. ասէին թէ վասն զի այր քաջ էր, առլեզք իջանեն եւ յարուցանեն զդա։ Պահապան կային, եւ ակն ունէին յառնելոյ, մինչեւ նեխեցաւ մարմինն։ Ապա իջուցին յաշտարակէ անտի, եւ լացին թաղեցին զնա որպէս աւրէն էր։

XXXVI

ABOUT THE FOOLISH OPINIONS HELD BY MUSHEGH'S FAMILY AND OTHER FOLK.

When they had taken the body of sparapet Mushegh to his tun, to his family, his family did not believe his death, despite the fact that they could see his head separated from his body. They said: "He has been in countless battles and never received a wound. No arrow has ever struck him, nor has anyone's weapon pierced him." Half of them expected him to resurrect, so they sewed the head back onto the torso and placed it on the roof of a tower, saying: "Because he was a brave man, the *arhlezk*[19] will descend and cause him to arise." They guarded [Mushegh] expecting his resurrection, until his body putrefied. Then they brought him down from the tower, and wept over and buried him, as was the proper way.

---

19 *Arhlezk'* (pl., mythical creature).

ԼԷ

Յաղագս գալոյն Մանուէլի ի գերութենէ Պարսից, եւ խնդրելոյ զվրէժն Մուշեղի, եւ հալածելոյ զթագաւորն Վարազդատ յերկրէն Հայոց, եւ յինքն ունելոյ զերկիրն Հայոց:

Ապա կացոյց թագաւորն Վարազդատ ի գործ զաւրավարութեան սպարապետութեանն զԲատ նահապետն Սահառունեաց տոհմին, որ էր իւր դայեակ, բանսարկու քունն սպանողն Մուշեղի: Եւ էր նա սպարապետ փոխանակ նորա, զաւրավար ամենայն Հայոց: Եւ ազգին մամիկոնեան տոհմին տանուտէր նահապետ կացոյց թագաւորն Վաչէ անուն ի նմին տոհմէ:

Յայնմ ժամանակի դարձան ի գերութենէն եկին ի Պարսից, զոր տարեալ էր Շապհոյ արքային, արք երկու եղբարք ի մամիկոնեան տոհմէն. անուն միումն Մանուէլ, եւ անուն երկրորդին Կոմս: Քանզի զայն ժամանակաւ թագաւորին Պարսից սասանականին տուեալ էր պատերազմ ընդ մեծթագաւորին Քուշանաց ընդ արշակունւոյն, որ նստէր ի Բաղհ քաղաքին: Եւ իբրեւ երթային զաւրքն Պարսից ի Քուշանացն պատերազմն, ապա եւ զմարդիկ գերութեանն որ ի Հայոց էին թագաւորին Պարսից յղէր ի պատերազմ ընդ իւր զաւրսն. եւ Մանուէլս այս երթայր ընդ նոսա հանդերձ եղբարբն իւրով Կոմսիւ: Եւ իբրեւ եղեն խառնուրդք երկոցունց գնդացն ընդ միմեանս, ապա ի պարտութիւն մատնեցան զաւրքն Պարսից յերեսաց զաւրացն Քուշանաց. դարձան ի փախուստ անհնարին հարուածովք, հասին ի վերայ զաւրացն Պարսից. զի ոչ մի ի նոցանէն ոչ ապրեցուցանէին ի զաւրացն Պարսից. բանբեր անգամ ոչ ապրէր. բայց Մանուէլ որդի Արտաշինայ ի Մամիկոնեան ի տոհմէն, հանդերձ եղբարբն իւրով Կոմսիւ, բազում քաջութիւնս կատարեալ ի նմին ճակատուն, սակայն հետիոտս ապրէին: Եւ գային յամենայն զաւրացն Պարսիցն սոքա միայն հասանէին առ թագաւորն Պարսից ողջ ապրեալք, եւ բազում քաջութիւնս կատարեալ:

XXXVII

REGARDING THE RETUN OF MANUEL FROM IRANIAN CAPTIVITY AND HIS AVENGING OF MUSHEGH, AND HIS EXPULSION OF KING VARAZDAT FROM THE COUNTRY OF ARMENIA.

King Varazdat put his dayeak Bat, nahapet of the Saharhunik' tohm, Mushegh's slanderous tale-bearing murderer, in the job of the generalship-sparapetut'iwn. [Bat] was sparapet in place of him, general of all Armenia. The king made tanuter nahapet of the azg of the Mamikonean tohm a man named Vach'e, of the same tohm.

In that period two brothers of the Mamikonean tohm returned from captivity in Iran, where they had been taken by king Shapuh. One [brother] was named Manuel; the other Koms [or Kon]. At that time the Sasanian king of Iran was warring with the great Arsacid king of the Kushans, who resided in the city of Bagh [Balkh]. When the Iranian troops went to the Kushan war, those people whom the Iranian king had taken captive from Armenia were sent along. Manuel also went there with his brother Koms. When the two brigades clashed against each other, the Iranian troops were defeated by the Kushans, and as they turned in flight [the Kushans] came upon them, raining incredible blows down upon them. They did not let a single Iranian soldier survive, including the newsbearer, although Manuel (son of Artashen of the Mamikonean tohm) and his brother, Koms, did in fact survive, [fleeing] on foot. After displaying much bravery in that battle, of all the Iranian troops only these two reached the Iranian king safe and sound.

BOOK V

Սակայն թագաւորին Պարսից բազում տրտմութիւն լինէր Ցաղագս իւրոյ զաւրացն եւ կոտորածոյն. սակայն եւ զայնու զայրացեալ զակատէր, զի զնոսա միայն տեսանէր ողջ եկեալ յամենայն զաւրացն իւրոց: Ցասուցեալ ընդ նոսա, այպն արարեալ, հալածեաց յիւրոց սահմանացն. արձակեաց զնոսա յերկիրն իւրեանց: Եւ գնացեալք գային դէմ յանդիման յիւրեանց երկիրն արարեալ: Եւ էին հետիոտք երկոքին եղբարքն. եւ էին երկոքեան մեծք անհեդեղք, երկոքեան անձնեայք որպէս սկայազունք: Մինչ դեռ գային ի ճանապարհի, ոչ կարէր Մանուէլն գնալ, զի ոտիքն ցաւած էր, ապա Կոմս եղբայր իւր ըստանձնեալ առեալ բառնայր, եւ տասն խրասախ բերէր ըստ անձին զայնչափ այրն զանհեդեդ զանարի. եկն եբեր յերկիրս Հայոց: Եւ եղեւ իբրեւ եկն եհաս յերկիրն Հայոց Մանուէլ եղբարբն իւրով Կոմսիւ հանդերձ, իբրեւ ետես զնա Վաչէն որ յառաջն էր լեալ նահապետն, մինչ չեւ եկեալ էր նա ետ ցնա զպատիւ իշխանութեանն, զոր առեալ էր ի թագաւորէն Վարազդատայ, քանզի նա էր երէց յազգին. եւ Մանուէլն ունէր զնահապետութեան ազգին տանուտէրութեան պատուին, եւ Վաչէն լինէր երկրորդ:

Իսկ յորժամ եհաս եկաց Մանուէլն ի փառս տէրութեան իւրոյ, նախ առանց հրամանի թագաւորին Վարազդատայ յինքն յափշտակեաց զզաւրավարութեանն զսպարապետութիւնն, զի այն ինչ որ իւրոց նախնեացն ի բնէն կալեալ էր ի սկզբանէ, զոր արքայն Վարազդատ շնորհ առնէր իւրում դայեկին Բատայ, զայն Մանուէլ յինքն հանեալ ունէր զիշխանութիւնն:

The Iranian king was greatly saddened because of the destruction of his troops. He was furious that of all his troops, only these two had survived. He got angry at them, dishonored and chased them from his boundaries, dispatching them to their own country. So they came to their country. Both brothers were on foot, both were fantastically large, having the aspects of offspring of a giant. As they were travelling it happened that Manuel was unable to proceed because his feet hurt. His brother Koms picked him up and carried him one hundred parasangs, carrying such a fantastically enormous man to the country of Armenia. When Manuel and his brother Koms reached the country of Armenia and when Vach'e saw the one who previously was the nahapet, even before he arrived [Vach'e] gave him the administration of the principality which he had received from king Varazdat, since he was the senior of the azg. Manuel had the patiw of the nahapetut'iwn of the azg's tanuterut'iwn, while Vach'e was second.

Once Manuel had come into the glory of his tanuterut'iwn, first he seized for himself the generalship-sparapetut'iwn without the order of king Varazdat. Manuel took the authority for himself [in an office] which had been held naturally by his ancestors from the start, which king Varazdat had bestowed on his dayeak, Bat.

Եղեւ յետ այսորիկ, պատգամ յղէր սպարապետն Հայոց Մանուէլ առ թագաւորն Վարազդատ, եւ ասէր թէ Փոխանակ ամենայն ազգին մերոյ վաստակոցն, զոր ի նախնեացն ի հնոց ժամանակաց հետէ միամտութեամբ առ ձեզ Արշակունիս վաստակեալ եմք, եւ եղեալ զանձինս մեր ի վերայ ձեր, կեցեալ եւ մեռեալ եմք ի վերայ ձեր, ամենայն նախնիքն մեր առաջինքն անկան ի պատերազմունս ի վերայ ձեր, Վասակ հայր Մուշեղի կորեաւ ի վերայ Արշակայ արքայի, եւ մեք հանապազ վաստակեալ եւ աշխատեալ եմք ի վերայ թագաւորութեան ազգիդ ձերոյ, եւ փոխանակ կեանս առնելոյ ընդ վաստակոցն, արդ որք ի թշնամեացն մեռան, որք մնացին զայն դուք Արշակունիքդ կոտորեցիք: Արդ Մուշեղ այր քաջ եղբայր իմ, որ ի վերայ ձեր մաշեաց զանձն իւր ի մանկութենէ իւրմէ, վանեաց կոտորեաց զթըշնամիս ձեր, եւ ոչ կարացին թշնամիքն սպանանել, դու կալալ ի բազմականի խեղդեցեր զնա: Նա դու չես իսկ արշակունի, այլ ի պոռնկութենէ եղեալ ես որդի. վասն այդորիկ ոչ ծանեար զվաստակաւորսն Արշակունեաց: Նա մեք չեմք իսկ լեալ ձեր ծառայք, այլ ընկերք ձեր եւ ի վերոյ քան զձեզ. զի մեր նախնիքն լեալ էին թագաւորք աշխարհին Ճենաց, եւ վասն եղբարց իւրեանց գրգռութեանն, զի արիւն մեծ անկեալ է ի վերայ, վասն այնր եմք գնացեալք. եւ վասն բարւոյ հանգստի գտանելոյ եկեալ դադարեալ եմք: Առաջին թագաւորքն արշակունիք, որք գիտէինն զմեզ ով էաք կամ ուստի էաք. այլ զի դու քանզի չես արշակունի, գնա յաշխարհէս, եւ մի մեռանիր ի ձեռաց իմոց:

Then the sparapet of Armenia, Manuel, sent a letter to king Varazdat, saying: "All the labors our azg had performed from the time of our ancestors in ancient times onward were loyally done for you Arsacids. We gave our lives, living and dying for you. All of our first ancestors fell in battle for you. Mushegh's father, Vasak, died in battle for king Arshak, and we have always labored and worked for the kingdom of your azg. Instead of giving rewards in exchange for the labor, you Arsacids destroyed those [Mamikoneans] not killed by the enemies. Now that brave man Mushegh, my brother, from his childhood onward labored with his life for you. He defeated and destroyed your enemies, and the enemies were unable to kill him. But you seized him on his couch and strangled him. In fact, you are not even an Arsacid, but a bastard. Therefore you do not recognize those who labor for the Arsacids. We are not your servants but your peers, and we are above you. For our ancestors were kings of the land of Chenk'. Because of a quarrel among brothers, [to avoid] bloodshed, we left that [land] and to find rest we stopped here [in Armenia]. The first Arsacid kings knew who we were and where we came from. But you, since you are not an Arsacid, begone from this land and do not perish at my hands."

Իսկ Վարազդատ թագաւորն պատգամ յղէր պատասխանոյն առ զաւրավարն Մանուէլ, եւ ասէր. Եւ քանզի չեմ արշակունի, զի եղի զթագ նախնեաց իմոց Արշակունեացն, եւ կալայ զաշխարհ առաջնոց իմոց, եւ խնդրեցի զվրէժ հաւրեղբաւրն իմոյ Պապայ ի չարագործ յեղբաւրէն քումմէ ի Մուշեղայ, բայց զի դու չես յաշխարհէս յայսմանէ, զի քեզէն իսկ ասացեր բաս յերկրէն յաշխարհէն Ճենաց եմք լեալք թագաւորք ի բնութենէ, եւ այսր պանդուխտք եմք եկեալք, արդ ըստ աւրինակի եղբաւրն քո մի մեռանիր: Զի իմ, առ բարերարութեան իմոյ, արձակեցի զքեզ. երթ գնա յերկիրն Ճենաց, անդ կեաց, եւ անդէն թագաւորեսջիր յերկրին քում: Ապա թէ ոչ կամիցիս գնալ, մեռանիս ի ձեռաց իմոց որպէս եւ Մուշեղն մեռաւ:

Իսկ յորժամ բազում անգամ երթեալք եկեալք պատգամաւորք բազում խստագոյն քան զխստագոյն բանս կրկնեանց առ միմեանս յղէին, եւ յետ այսորիկ ժամադիր միմեանց լինէին պատերազմաւ զմիմեանս տեսանել: Իսկ ի հասեալ ի ժամադիր ժամուն, եկեալ տային ընդ միմեանս պատերազմ: Եւ թագաւորն Վարազդատ առնոյր զզաւրն իւրոյ բանակին, եւ գնայր հասանէր ի տեղի ճակատուն, վառեալ կազմեալ պատրաստեալ ի պատերազմ. սոյնպէս եւ սա պատրաստագոյն քան զնոսա: Եւ Մանուէլ սպարապետն հասանէր իւրով գնդաւն ի նոյն տեղի. եւ ի դաշտին Կարնոյ լինէին խառնուրդք երկոցունց գնդացն ընդ միմեանս բախելոցն:

King Varazdat sent a reply to general Manuel, saying: "If I am not an Arsacid, how did I put on the crown of my Arsacid ancestors, or take the land of my forbears or seek vengeance for my uncle (father's brother) Pap from your evil-doing brother Mushegh? Since as you yourself said, you are not from this land, but from the country of the Chenac' land (where you were kings naturally) and since you came here as exiles, do not die as your brother did. Because of my benevolence I am releasing you. Go to the Chenac' country, stay there, and rule your country there as king. But if you do not want to go, you will die by my hand, just as Mushegh died.

Now when messengers had gone and come many times, with the messages becoming increasingly severe, the two [antagonists] made a date to confront each other in battle. When that time arrived, they came forth to fight. King Varazdat took the troops of his banak and went to the place designated for battle armed, arranged, and prepared, with [Varazdat] himself more prepared than the others. The sparapet Manuel went to the same place with his brigade. The place where the two brigades clashed was in the plain of Karin.

Թագաւորն Վարազդատ եւ սպարապետն Մանուէլ զնիզակս առեալ, միմեանց յարձակեալ ախոյեանք եղանէին: Իբրեւ զաչս ի վեր ամբառնայր արքայն Վարազդատ, եւ նայէր ընդ գալն իւր եւ տեսանէր զսպարապետն Մանուէլն, ի մեծութենէն հասակին եւ ի շքեղութենէ անձինն եւ յամրակուռ յերկաթապատ յոտիցն մինչեւ ցգլուխն առ հասարակ յանվթար զինէն, ի հաստամեստ յանձնէն, եւ ի հաստատուն երիվարէն եւ յասպազէն վառելոյն յանշարժ սպառազինէն, համարեցաւ կշռեաց զնա ի միտս իւր իբրեւ զլեառն մի բարձր զանմատոյց: Սակայն ածեալ զմահ ընդ միտս յարձակեցաւ. զի այնուհետեւ չունէր ակն անձինն ապրելոյ: Սակայն զի մանուկ մարդ էր արքայն Վարազդատ, իբրեւ ետես զնա այնպէս զի չէր ինչ կռուոյ տեղեակ, էած զմտաւ թէ ի զրահին ոչ ինչ կարիցէ նիզակ գործել, առ ձեռաց կորովութիւնն զնիզակն ընդ բերան արկանէր զաւրավարին Մանուէլի: Իսկ Մանուէլ բուռն հարկանէր զնիզակէն. հանեալ ի նմանէ զնիզակատէգն ընդ իւր թուրծ հանէր, եւ բազում զիւք թափէր զատամունսն, զնիզակն յինքն հանէր յարքայէն:

Եւ արքայն Վարազդատ ի փախուստ դառնայր յերեսաց զաւրավարին Մանուէլի. եւ անդէն Մանուէլ զտէգ նիզակին ի ձեռինն կալեալ, եւ նիզակաւն ի կառափն մատուցեալ ծեծէր զարքայն Վարազդատ. այնպէս տանէր իբրեւ ասպարէզս չորս: Եւ անդէն որդիքն Մանուէլի յարձակեցան մէն մի նիզակ ի ձեռն, Հմայեակն եւ Արտաշէսն, սպանանել զարքայն: Ինքն իսկ Մանուէլ աղաղակէր զկնի որդւոց իւրոց, եւ ասէր. Այ մի լինիք տիրասպանուք: Եւ նոցա լուեալ զձայն հաւրն, վաղվաղակի արագ արագ դառնային ի նմանէ. եւ ի պարտութիւն մատնեցաւ այն աւր զունդն արքունական առաջի մանուէլեան գնդին:

King Varazdat and sparapet Manuel took spears and went against each other as champions. When king Varazeat raised his eyes, he saw sparapet Manuel coming at him, so enormous, grand, securely armored from head to toe in impenetrable iron armor, personally strong, on a steady horse covered with horse armor. [Varazdat] regarded him as a tall inaccessible mountain. Nonetheless, with death on his mind, he attacked, not thinking about living. King Varazdat was a young man and uninformed about fighting. When he saw [Manuel so armored], he realized that the spear would not work because of the armor. So he took the spear and forcefully thrust it into general Manuel's mouth. Now Manuel grabbed the spear, removing the tip from himself, from his cheek. He lost many teeth removing the king's spear.

King Varazdat fled from the sight of general Manuel. [As he chased him] Manuel took the tip of the spear and beat the head of king Varazdat. He did this as he chased him over a distance of four *asparez*.[20] Then Manuel's sons, Hmayeak and Artashes, each with spear in hand, attacked the king. But Manuel himself shouted after his sons: "Do not be killers of [your] lord." They heeded their father's words and swiftly turned from [Varazdat]. On that day the *ark'unakan*[21] brigade was defeated by the Manuelean brigade.

---

20 *Asparez:* stadia.
21 *Ark'unakan:* royal.

Ոչ ինչ այնուհետեւ սակաւ սպանեալք անկանէին ընդ երեսս դաշտին, բազում խոցք եւ խեղք վիրաւորք. եւ բազում նախարարք սատակեցան. բազում փախստեայք հալածականք լինէին: Մինչ դեռ գունդն մանուէլեան էին զկնի փախստէիցն, եւ գայր հասանէր Համազասպեան սեպուհ մի մամիկոնեան տոհմէն, անցանէր առ անկելովք դիականմբն եւ առ խոց վիրաւորաւքն պատերազմին. եւ ընդ նոսին ընկեցեալ էր եւ զԳարեգին, տէր գաւառին Ռըշտունեաց. բայց ողջ կայր, զի ոչ խոց էր եւ ոչ վնասեալ ինչ: Այս Գարեգին փեսայ լեալ էր յառաջ նորին Համազասպէի, զքոյր նորին Համազասպուհի անուն ունէր կին: Եւ իբրեւ եկն թագաւորն Շապուհ յերկիրն Հայոց, սա եթող զկինն իւր եւ փախեաւ: Ապա տարան զՀամազասպուհի յերկիրն Տոսպաց, ի քաղաքն ի Վան, հանեալ կախեցին զնա Պարսիկքն զբարձր աշտարակացն որ կայր ի վերայ քարանձաւին, ի կախաղանի սպանին զնա:

Իսկ յայնմ աւուր իբրեւ անկեալ կայր այն Գարեգին ի մէջ անկելոցն, եկն Համազասպ անէր նորուն անցանել առ նոքաւք: Աղաղակեաց Գարեգինն եւ ասէ. Տէր Համազասպեան, եւ զիս տես. հրաման տուր ձիոյգ մատուցանել, թող հեծայց: Եւ ասէ ցնա Համազասպեան. Ո՞վ ես դու: Եւ ասէ. Ես եմ Գարեգին ռըշտունի: Եւ ետ հրաման Համազասպեան վահանաւորացն, որ ընդ նմա էին, ասէ. Իջէք եւ դիք զվահանսդ ի վերայ նորա, եւ պահեցէք: Եւ ինքն էանց. ապա իջին վահանաւորքն եդեալք զվահանսն ի վերայ, եւ կային պահէին ըստ հրամանի տուեալոյն:

There was no more fighting after that. A few dead men lay across the face of the plain, as did many who had been pierced and the seriously wounded. Many naxarars had perished. Many of those fleeing were pursued. While the Manuelean brigade was going after the fugitives, Hamazaspean, a sepuh of the Mamikonean tohm went over the fallen corpses and [the bodies of] those who were wounded in the battle. Among the fallen was Garegin, lord of the district of Rhshtunik'—but he was alive, neither wounded nor injured. This Garegin had been the brother-in-law of Hamazaspe, having been married to the latter's sister, Hamazaspuhi. But when king Shapuh had come to the country of Armenia, [Garegin] left his wife and fled. So they took Hamazaspuhi to the country of Tosp, to the city of Van where the Iranians hanged her from a lofty tower over a cave. They killed her on the gallows.

The day that Garegin landed among the fallen, his brother-in-law, Hamazasp, was going over them. Garegin cried out; "Lord Hamazaspean, look after me. Command that a steed be brought so that I mount." Hamazaspean said to him: "Who are you?" He replied: "I am Garegin Rhshtuni." Hamazaspean ordered the shield-bearers who were with him: "Get down and cover him with your shields." Then he went. The shield-bearers got down, put their shields over him and remained there guarding [him] in accordance with the order given.

Ապա յետ այսորիկ գայր Դանուն ոմն գումապետ սպարակրացն գնդին մանուէլեան զաւրացն. ետես զի իջեալ էին վահանաւորք ի վերայ, եւ զԳարեգինն պահէին.

Եհարց ցնոսա թէ Ո՞վ է այդ, եւ դուք հի՞մ իջեալ կայք յայդմ տեղւոջ:

Ասեն նոքա թէ սա Գարեգին Ռշտունեաց տէր է. եւ մեզ հրաման ետ Համազասպեան իջանել պահել զսա:

Եւ մեծաւ ցասմամբ զայրանալով ի բարկութիւն մեծ բորբոքէր Դանունն, եւ ասէր. Արդ ուրեմն վերստին կամի Համազասպեան զսա իւր փեսայ առնել, եւ զՀամազասպուհի զքոյր իւր տալ սմա կնութեան. վասն այսորիկ անխայեաց ի դա, պահել հրամայէր:

Եւ անդէն ոտն ածեալ էջ ի ձիոյն, եհան զթուրն, մատուցեալ ի նա պատառ պատառ կոտորեալ, անդէն ցրեալ սատակեաց զնա:

Իսկ այլ զաւրքն ամենայն դեռ գային ի կոտորածոյն, զբազումս ձերբակալ արարեալ եւ կալեալ ածէին: Եւ զԲատն, արքային Վարազդատայ զքուռն, զսպանաւղն Մուշեղի, կալեալ իւր որդւովն առաջի սպարապետին Մանուէլի, եւ զայլս որք միանգամայն գործոց սատարն լեալ էին ըմբռնէին զամենեսեան, առ նա ածէին: Եւ մեծաւ դատաստանաւք դատեցաւ զանաւրէնն Բատ սպարապետն Մանուէլ: Բայց նախ յանդիման նմա հրամայէր փողոտել զորդին նորա, ապա յետոյ զնա գլխատել. եւ զայլսն կոտորեաց ըստ նմին աւրինակի: Եւ զթագաւորն Վարազդատ հալածեցին ի յերկրէն ի սահմանացն Հայոց. չոգաւ գնաց ի յերկիրն Յունաց. անդ եկաց որչափ եւ եկեաց, եւ անդէն մեռաւ:

After this a certain Danun, the *gumapet*[22] of the shield-bearing soldiers of the Manuelean brigade came by and saw that the shield-bearers had dismounted and were guarding Garegin.

He asked them: "Who is that and why have you dismounted here?"

They replied: "This is Garegin, lord of Rhshtunik'. Hamazaspean ordered us to dismount and guard him."

Danun became furiously angry and said: "So, Hamazaspean wants to make him his *p'esa*[23] again, and to give [Garegin] his sister Hamazaspuhi in marriage. For that reason he spared him and ordered him guarded."

Then [Danun] dismounted, took out his sword and cut [Garegin] to pieces.

All the other troops were still coming from the battle, bringing along the many [men] they had arrested. They seized Bat (the one who had slandered Mushegh to king Varazdat, Mushegh's killer) with his son into the presence of sparapet Manuel. Also they seized others who supported these acts and brought all of them to him. Sparapet Manuel judged the impious Bat with great examination. First, he ordered that [Bat's] son be slain in his presence, then he had [Bat] beheaded. He had others destroyed in a similar fashion. They chased Varazdat outside the boundaries of the country of Armenia. He went to the country of the Byzantines where he lived his life and died.

---

22 *Gumapet:* colonel.
23 *P'esa:* brother/son-in-law.

Եւ սպարապետն զաւրավարն Հայոց Մանուէլ նուաճեաց զաշխարհս, եւ զամենայն մեծամեծս եւ զնախարարսն Հայոց առ ինքն ժողովէր, եւ էր նա առաջնորդ եւ գլուխ նոցա. եւ վարէր զիւր իշխանութիւնն, եւ տայր հրաման աշխարհի փոխանակ թագաւորի. եւ ունէր զաշխարհ ի շինութեան: Եւ զկինն Պապայ արքայի զԶարմանդուխտ տիկին, հանդերձ որդւովք աշակունովք, առեալ զնոսա ի տեղի թագաւորի կալեալ ի պատիւ շրջեցուցանէր: Մեծաւ իմաստութեամբ եւ բազում յաջողութեամբ աշխարհին Հայոց մեծապէս առաջնորդէր, որչափ եկաց ժամանակս: Բայց անուանք պատանեկացն արշակունեացն, անուն երիցուն Արշակ, եւ կրտսերուն Վաղարշակ, զնոսա առեալ Մանուէլն սպարապետն իբրեւ զսան սնուցանէր, եւ զմայրն նոցա զԶարմանդուխտ ի մեծի շքի տիկնութեան պատուէր: Բայց յորժամ տեսանէր Մանուէլն զոր ինչ գործեացն ընդդէմ էր հրամանաց թագաւորին Յունաց, ածեալ զմտաւ իւրով թէ արժան է նմա գէթ զմի ոք թիկունս առնել նմա, ապա խորհեցան խորհուրդ ընդ տիկնոջն, եւ կամեցաւ թիկունս առնել զարքայն Պարսից:

The sparapet general of Armenia, Manuel, subdued the land and gathered all the grandees and naxarars of Armenia. He was their guide and head, ruling his principality [or, exerting his authority] and giving the commands of the land in place of the king. He kept the land in cultivation. He took king Pap's wife, tikin Zarmanduxt, with [her] Arsacid sons, keeping [them] in the king's place [and] causing them to circulate around in honor. As long as [Manuel] lived he led the land of Armenia with great wisdom and much success. Of the two Arsacid lads, the senior one was named Arshak, and the junior one, Vagharshak. Sparapet Manuel nourished them as sans and honored their mother, Zarmanduxt, in the great glory of the tiknut'iwn. But when Manuel saw that what was being done ran contrary to the orders of the Byzantine emperor, he reasoned that he should have at least someone to support him. They took counsel with the tikin; he wanted to support the Iranian king.

ԼԸ

Յաղագս եթէ զիարդ սպարապետն Հայոց Մանուէլ, հանդերձ ամենայն աշխարհաւն Հայոց, ձեռն ետ ի թագաւորն Պարսից. եւ մարզպան եւ աշխարհակալ աշխարհին Հայոց զառաջինն ած ի թագաւորէն Պարսից զՍուրէն, եւ մեծաւ պարգեւաւք մեծարեցաւ ի նմանէ. եւ թէ որպէս յետոյ խորամանկութեամբ Մերուժանայ արծրունւոյ եղեւ ապստամբութիւն, եւ պատերազմունք յուզեցան:

Ապա յետ այսորիկ առաքեցին Զարմանդուխտ տիկինն Հայոց եւ սպարապետն Մանուէլ զԳարջոյլ Մաղխազ, եւ ընդ նմա զբազումս ի նախարարացն Հայոց, հրովարտակաւք ընձայիւք եւ պատարագաւք առ թագաւորն Պարսից, զի ի նա ձեռս տայցեն եւ նա պաշտիցեն, եւ նմա միամտութեամբ ծառայեսցեն, եւ տայցեն նմա զաշխարհս Հայոց: Եւ չոգանհասին Գարջոյլն, եւ որք ընդ նմայն էին, ի դուռն թագաւորին Պարսից. մատուցին նմա զհրովարտակսն զտիկնոջն եւ զսպարապետին Հայոց, եւ ետուն նմա զյղեալ պատգամսն հնազանդութեան: Եւ յորժամ ետես զնոսա թագաւորն Պարսից, մեծաւ խնդութեամբ ընկալեալ զնոսա, եւ մեծապէս մեծարանաւք պատուեաց զնոսա, եւ մեծաւ պարգեւաւ առնէր զԳարջոյլն:

Եւ ընդ նմա առաքէր յերկիրն Հայոց զՍուրէն պարսիկ մի ճոխ եւ նախարարացն իւրոց. եւ ընդ նմա յղեաց տասն հազար հեծեալս վառեալս սպառազէնս, զի երթիցէ Սուրէն յաշխարհին Հայոց ի թիկունս աւգնականութեան զաւրավարին Մանուէլի, եւ պահել ի թշնամեաց զտիկինն զԶարմանդուխտ:

XXXVIII

HOW MUSHEGH, THE SPARAPET OF ARMENIA, TOGETHER WITH THE ENTIRE LAND GAVE HIS HAND TO THE IRANIAN KING, AND BROUGHT SUREN AS THE FIRST MARZPAN AND GOVERNOR OF THE LAND OF ARMENIA FROM THE IRANIAN KING; AND HOW HE WAS EXALTED BY HIM WITH GREAT GIFTS; AND HOW, BECAUSE OF THE DUPLICITY OF MERUZHAN ARCRUNI, A REBELLION BROKE OUT FOLLOWED BY WAR.

Now after this, Zarmanduxt, the tikin of Armenia, and sparapet Manuel sent Garjoyl Maghxaz and many of the Armenian naxarars with him to the king of Iran, bearing hrovartaks [deeds], presents and gifts. This was to show support for him and to defend him, to [offer to] serve him loyally, and to give him the land of Armenia. Garjoyl and those with him arrived at the court of the Iranian king. They gave him the hrovartaks of the tikin and the sparapet of Armenia as well as the messages of obedience which had been sent. As soon as the Iranian king saw them, he received them with delight, honoring them with great exaltation. He gave Garjoyl great pargew.

[The king] sent to the country of Armenia along with [Garjoyl] one of his wealthy naxarars, an Iranian named Suren. He also sent 10,000 armed cavalrymen, so that Suren could go to the land of Armenia, help general Manuel and protect tikin Zarmanduxt from enemies.

Եւ ետ թագաւորն Պարսից տանել ի ձեռն Սուրենայ թագ եւ պատմուճան, եւ զվառ թագաւորացն տիկնոջն Զարմանդխտոյ, եւ թագս մանկանցն որդւոցն երկոցունց Արշակայ եւ Վաղարշակայն: Զսոյն եւ սպարապետին Մանուէլի սոյնպէս ետ տանել զթագաւորական պատմուճանն, սամոյր մի եւ զգլխոյ պատիւ գարգմանակ ոսկի արծաթ, ու ի պատիւ գլխոյ ի վերայ գագաթանն ի թիկանց արծուոյն հանգոյցք թագի կապեալ աշխարաւանդ հանգոյց, եւ լանջաց պատիւ ապիզակ, որպէս աւրէնք են ունել թագաւորաց. եւ շիկակարմիր խորան, եւ ի վերայ խորանին արծուի նշան, եւ սրահակս մեծամեծ եւ կապուտակ երկնագոյն հովանոցս: Եւ ոսկի սպաս տաճարին առաքէր սպարապետին Մանուէլի. եւ տայր նմա յիւրմէ ձեռանէ իշխանութիւն մեծ ի վերայ աշխարհին Հայոց:

Եւ եկն եհաս Գարջոյլն խորխոռունի յերկիրն Հայոց, եւ էած զՍուրէն պարսիկ տասն հազարաւն: Եկին բերին զպարգեւսն տիկնոջն եւ մանկանց նորա. սոյնպէս սպարապետին Մանուէլի. ունէին պարգեւս իւրաքանչիւր աւագացն, եւ տանուտէրացն իւրաքանչիւր մեծամեծացն Հայոց: Եւ յորժամ տեսանէին զմեծարանսն եւ զսէր թագաւորին Պարսից, տիկինն Զարմանդուխտ եւ սպարապետն զաւրավարն Հայոց Մանուէլ մեծաւ խնդութեամբ մեծարէին զՍուրէնն: Տային զաշխարհն Հայոց ի ձեռն Սուրենայ, եւ հնազանդէին հրամանաց թագաւորին Պարսից. եւ կարգէին թագաւորին Պարսից յաշխարհէն Հայոց հարկս տալ ընձայս եւ պատարագս: Սոյնպէս եւ մարզպանին Սուրենայ հասս եւ կաւշիկս եւ զպիտոյս զռոճկացն. սոյնպէս եւ տասն հազարացն դարման եւ կերակուր ըստ պիտոյիցն: Եւ սրտի մտաւք արարին իւրեանց թիկունս. եւ տէր գտեալ իւրեանց զարքայն Պարսից, եւ կային ի ծառայութեան նորա. եւ ստէպ ստէպ դեսպանք թագաւորին Պարսից երթային եւ գային յերկիրն Հայոց. եւ մեծապէս զմտերմութիւն միամտութեանն, որ էրն, ցուցանէին թագաւորին. եւ ստէպ առաքէր պարգեւս տիկնոջն Զարմանդխտոյն. սոյնպէս եւ զաւրավարին Հայոց Մանուէլի:

The Iranian king had Suren take a crown, a robe, and the emblem of kings to tikin Zarmanduxt and crowns to the two young Arsacids, Arshak and Vagharshak. He also sent to sparapet Manuel a royal robe, a sable, a patiw for the head with a gold and silver *gargmanak*[24] and the figure of an eagle held to the crown with an ashxarawand clasp; a brooch of honor for the chest, which by law only kings have; a tent of red leather and on it the figure of an eagle; very great hangings, and sky-blue parasols. He sent sparapet Manuel gold tachar vessels, and by his own hand gave him great authority over the land of Armenia.

Garjoyl Xorxorhuni came to the country of Armenia bringing along the Iranian Suren with 10,000 [troops]. They brought the pargews for the tikin and her children as well as for sparapet Manuel. They also had pargews for each of the nobles, tanuters, and grandees of Armenia. When tikin Zarmanduxt and the sparapet general of Armenia, Manuel, saw the exaltation and affection of the Iranian king, with great delight they exalted Suren. They entrusted the land of Armenia to Suren and were obedient to the commands of the Iranian king. From the land of Armenia they set up taxes for the king of Iran, giving presents and gifts, and also [providing] has, shoes, and the necessary stipends for the marzpan Suren and victuals and necessary food for the 10,000 [troops]. They sincerely supported them, considering the king of Iran as their lord whom they served. Ambassadors of the Iranian king were constantly coming and going to the country of Armenia. They greatly displayed to the king the intimacy of the alliance which existed, and [the king] was constantly sending pargews to tikin Zarmanduxt and to Manuel, the general of Armenia.

---

24 *Gargmanak:* helmet crest.

Յոյժ մտերիմ եւ սիրելի լինէր Մանուէլ թագաւորին Պարսից եւ մեծապէս փառաւորեալ աւագանայր ի նմանէն: Եւ Մերուժանն արծրունի իբրեւ տեսանէր զայն ամենայն փառս աւագութեան, որովք շքեղացոյց զՄանուէլ արքայն Պարսից, զի որպէս զեղբայր կամ զորդի այնպէս պատուեաց զնա, յոյժ նախանձէր նա ընդ փառսն Մանուէլի. եւ խնդրէր նա հնարս հնարել, հանել զնա յաչաց թագաւորին Պարսից, զի փոխանակ նորա ինքն լիցի սիրելի: Եւ իբրեւ այլ հնարս ինչ ոչ կարէր գտանել դուրս նենգութեանցն առ Պարսիկս, ընդ որ մտցէ, ապա խորհեցաւ նա ընդ միտս իւր զնենգութիւն չար, եւ կեղծաւորութեամբ իւրով զգործ իւր յառաջացոյց: Զի իբրեւ նա յեցաւ ի միամտութիւն զաւրավարին Մանուէլի, սկսաւ նախ հըպատակութեամբ զմիտսն գողանալ, նախ մտերմութեամբ հաճել զմիտս նորա. ապա զանձն իւր հոգածու եւ խնամակալ երեւեցուցանէր նմա.

Ապա եկեալ գուշակութիւն առնէր նմա սուտ ի քմաց իւրոց թէ Գիտասջիր դու, ո՛ Մանուէլ, զի դեսպան լեալ է յարքայէն Պաւրից. Յաղագս քո բերեալ ունին հրաման առ Սուրէնն, զի զքեզ կալցին կապեսցեն. կամ աստէն սպանցեն, կամ ոտիւք եւ ձեռաւք եւ պարանոցաւ կապելով մեծաւ զգուշութեամբ տանել առ թագաւորն Պարսից. արդ դուն գիտա, տես խորհեաց ընդ միտս քո թէ զինչ գործեսցես:

Եւ եղեւ յորժամ լուաւ զայս Մանուէլ, կայր զարմացեալ հիացեալ ընդ միտս իւր. եւ ասէր թէ չիք իմ յանցուցեալ առ Պարսիկս, է՞ր աղագաւ զայն առնիցէ ընդ մեզ:

Manuel was very intimate with the king of Iran, beloved by him, and he was greatly glorified by him. When Meruzhan Arcruni saw all the glory of seniority with which the Iranian king glorified Manuel (for he honored him as a brother or a son), he became very jealous of Manuel's glory, and sought some means of removing him from his favored position with the Iranian king, in order to be himself the beloved one. But when [Meruzhan] was unable to find any ruse except treachery toward the Iranians he plotted some wicked treachery and advanced his work with hypocrisy. He pretended to enter into intimacy with general Manuel, [trying] first to win him over through [acts of] subordination, to please him with intimacy. Then he gave himself out to appear as [Manuel's] trustee and guardian.

Next he came to deliver this false and capricious information: "Know, oh Manuel, that an emissary has come from the king of Iran to Suren with an order to seize and bind you and either to kill you here, or to bind you with great care, foot, hand, and neck, and to take you to the king of Iran. So be advised and think what you will do."

When Manuel heard this he was astonished inwardly and said: "I have committed no transgressions against the Iranians, so why are they doing this to us?"

Եւ ասէ Մերուժանն ցՄանուէլ. Ես ճշգրտեցի եւ հաստատեցի, զի իրքդ այդ ստոյգ են. մեծաւ սիրով եւ հոգաբարձութեամբ գուշակ եղէ քեզ:

Իսկ իբրեւ հաւատաց բանին Մերուժանայ Մանուէլն, եւ կարծեաց իմիտս իւր թէ ստոյգ են բանքն այն զոր լուաւ, ապա գունդ կազմեաց, եւ զաւր բազում առ ինքն կուտեաց զաւրավարն Հայոց Մանուէլ: Եւ մինչ դեռ խաղաղութեամբ Սուրէնն իւրով բանակաւն բանակեալ էր յանհոգս յանկարծ եւ աննենգ խաղաղութեամբ, իբրեւ ոչ ինչ գոյր ի մէջ նոցա նենգութիւն դաւաճանութեան ըստ համբաւահան չարագործն Մերուժանայ, յանկարծաւրէն յեղակարծումն զաւրավարն Հայոց Մանուէլ հասանէր անկանէր ի վերայ բանակին Սուրենայ, եւ զտասն հազարսն զՊասիկսն միանգամայն կոտորէր: Բայց զմարզպան Սուրէնն միաձի արձակէր, շնորհել զարեւն իւր պարգեւ արարեալ: Եւ զարմացեալ Սուրէնն ընդ իրսն ընդ այնոսիկ թէ ընդէ՞ր, է՞ր աղագաւ նա զայս արդեւք գործեաց.

Եւ ասէ Մանուէլ ցՍուրէն. Զքեզ վասն բարեկամութեան սիրոյն արձակեալ, ողջանդամ երթիջիր զճանապարհս քո. այլ ես ի Պարսկաց ի խափս այլ ոչ անկայց:

Եւ ինքն Մանուէլ Հայոց զգունդն կազմէր, եւ զարսն պատրաստէր. եւ գիտաց այնուհետեւ թէ մեծ թշնամութիւն յարոյց եւ մեծ գրգռութիւն ընդ թագաւորին Պարսից: Եւ յայնմ հետէ զաւրավարն Հայոց Մանուէլ հանդերձ ամենայն գնդաւն զտիկին Զարմանդուխտ զկին թագաւորին Պապայ զլուխ առեալ, ի տեղի թագաւորացն շրջեցուցանէին. եւ ինքեանք կային ի մարտի պատերազմին Յաղագս շինութեան աշխարհին Հայոց յամենայն կողմանց ընդ թշնամիս եւ ընդ սահմանակիցս որ շուրջ զիւրեամբք էին, եւ աւելի ընդ զաւրսն Պարսից զամենայն աւուրս կենաց իւրոց. բայց Մերուժանն գնայր անդր առ թագաւորն Պարսից ամբաստան զՄանուէլէ:

Meruzhan said to Manuel: "I have verified and confirmed it, and it is so."

When Manuel believed what Meruzhan had told him as accurate, the general of Armenia organized a brigade and assembled many troops. Thus, while Suren was peacefully encamped with his banak in unconcerned peace without a suspicion of duplicity (since in fact there was no treachery being planned as the gossiping malefactor Meruzhan had said) suddenly the general of Armenia, Manuel, fell upon Suren's banak unexpectedly, killing the 10,000 Iranian soldiers. However, [Manuel] granted the marzpan Suren his life as a pargew and let him go on a horse. Suren was surprised at what had happened, and wanted to know why.

Manuel said to Suren: "Because of the affection of friendship, I am releasing you to go on your way in health. But I will not fall into the Iranian trap again."

Then Manuel organized the Armenian brigade and prepared the men. Thereafter he knew that he had aroused great hostility and aggravation of the Iranian king. Then the general of Armenia, Manuel, and the entire brigade taking king Pap's wife, Zarmanduxt, at their head caused them to circulate around in the place of kings. They themselves were waging war for the cultivation of the land of Armenia on all sides against the enemies and neighbors around them, and especially against the Iranian troops. [Manuel did this] all the days of his life. But Meruzhan went to the king of Iran and made accusation against Manuel.

ԼԹ

Յաղագս Գումանդ Շապհոյ որ առաքեցաւ ի թագաւորէն Պարսից տալ պատերազմ ընդ Հայս, եւ սատակեցաւ ի Մանուէլէ զաւրաւք իւրովք հանդերձ:

Ապա թագաւորն Պարսից արձակեաց ի վերայ Հայոց զԳումանդ Շապուհ քառասուն եւ ութ հազարաւ, գալ առնուլ աւերել զերկիրն. եւ եկին հասին նոքա մինչեւ ի սահմանսն Հայոց որ յատրպայական կուսէն էր: Ապա իբրեւ զայն լսէր զաւրավարն Հայոց Մանուէլ, եւ գումարէր զզաւրսն իւր ըստ բոլոր ժամանակին որչափ եւ եկն ի ձեռն իւր քսան հազար, եւ ճեպեաց Մանուէլ եւ եհաս ընդդէմ գնդին, եւ արկանէր ի սուր զզաւրսն Պարսից. եւ զԳումանդ Շապուհն սպանանէր, եւ դարձեալ ելանէր մեծաւ յաղթութեամբ:

XXXIX

REGARDING GUMAND SHAPUH, WHO WAS SENT BY THE IRANIAN KING TO WAR AGAINST ARMENIA, AND HOW HE PERISHED WITH HIS TROOPS, [DEFEATED] BY MANUEL.

Then the Iranian king dispatched Gumand Shapuh with 48,000 [troops] to go to Armenia, take, and ruin the country. They came to the border of Armenia which is on the Atrpayakan side. As soon as Armenia's general, Manuel, heard about this, he assembled as many troops as he could lay hands on in those troubled times, some 20,000 men, and hastened against that brigade. [Manuel] put the Iranian troops to the sword, killed Gumand Shapuh, and again emerged with great triumph.

Խ

Յաղագս Վարազայ թէ որպէս կամ զիարդ առաքեցաւ ի թագաւորէն Պարսից, եւ սատակեցաւ ի Մանուէլէ իբրեւ զառաջինն:

Ապա յետ այսորիկ Վարազ ոմն զաւրավար թագաւորին Պարսից գայր հասանէր ութուտասան բիւրու յերկիրն Հայոց, տալ պատերազմ ընդ Մանուէլի ընդ սպարապետին, եւ ընդ ամենայն գնդին Հայոց: Ապա կազմէր պատրաստէր սպարապետն զաւրավարն Հայոց Մանուէլ հեծելս սպառազէնս տասն հազար, եւ եկեալ տայր պատերազմ ընդ Վարազայ: Հարկանէր եւ սատակէր, ջնջէր զնոսա ի միջոյ, եւ զլխովին զՎարազն սպանանէր. թափէր զկապուտ սատիկ, զզարդ եւ զզէն զաւրացն, եւ դառնայր մեծաւ խաղաղութեամբ:

XL

CONCERNING VARAZ, WHO WAS SENT BY THE IRANIAN KING, AND WHO PERISHED AT MANUEL'S HANDS, JUST AS HIS PREDECESSOR DID.

Then a certain Varaz, general of the king of Iran, came to the country of Armenia with 180,000 [troops] to war with sparapet Manuel and with the entire Armenian brigade. Armenia's sparapet general Manuel organized and prepared 10,000 armed cavalrymen and came to war against Varaz. He struck and killed, exterminating, and killing the principal, Varaz. He took a huge amount of loot, the ornaments and weapons of the troops, and returned in great peace.

ԽԱ

Յաղագս Մռկանայ զոր առաքեաց դարձեալ թագաւորն Պարսից ի վերայ երկրին Հայոց եւ ի վերայ Մանուէլի զաւրաւք բազմաւք, եւ սատակէր ի Մանուէլէ իբրեւ զառաջինն:

Եւ եղեւ յետ այսր ամենայնի առաքեաց թագաւորն Պարսից զՄռիկանն քառասուն բիւրու ի վերայ երկրին Հայոց: Եկն եհաս հանդերձ ամենայն բազմութեամբ զաւրաց իւրոց յեր-կիրն Հայոց, եւ էառ զկողմն մի զերկիրն Հայոց. եւ բանակ-եալ էր յԱրտանդան դաշտին: Անկանէր ի վերայ բանակին Մանուէլն ի գիշերի, եւ անդէն առ հասարակ ընդ սուր հա-նէր զամենեսեան ի դակիշն, եւ զՄըռկանն սպանանէր, եւ թափէր աւար բազում. եւ ոչ զմի ոչ ապրեցուցանէր ի նոցա-նէն:

XLI

ABOUT MRHKAN WHO ALSO WAS SENT AGAINST THE COUNTRY OF ARMENIA BY THE IRANIAN KING WITH NUMEROUS TROOPS, AND WHO PERISHED AT MANUEL'S HAND, AS HAD HIS PREDECESSORS.

After all this, the Iranian king sent Mrhkan with 400,000 [troops] against the country of Armenia. He arrived and took a part of the country of Armenia encamping on the Artandan plain. Manuel fell upon the banak at night, put all in the entrenchment to the sword, killed Mrhkan, and took much booty. He did not spare a single one of them.

ԽԲ

Յաղագս խաղաղութեան ամս եւթն։

Եւ յետ այսորիկ ամս եւթն, եւ այլ ոչ եւս յաւելին զաւրքն Պարսից ժտել ինչ մտանել ի սահմանս Հայոց. եւ եղեւ խաղաղութիւն երկրին։ Եւ ժողովեցան առ զաւրավարն Մանուէլ ամենայն ցրուեալք երկրին. եկին անգան այր յայր, եւ էին բանակեալ յանհոգս. եւ զաւրավարն Հայոց Մանուէլ առաջնորդէր նոցա։ Եկին ապա եւ մնացորդք ի տանէն Սիւնեաց պատանեակք երեք մնացեալք ի կոտորածէն Պարսից առ զաւրավարն Հայոց Մանուէլ. եւ անուանք նոցա միւսումն Բաբիկ, եւ միւսումն Սամ, միւսումն Վաղինակ։ Եւ ընկալաւ զնոսա զաւրավարն Հայոց Մանուէլ. եւ եղեւ նոցա աւգնական, եւ դարձ արար նոցա յերկիրն իւրեանց. եւ կացոյց տէր զԲաբիկ ի վերայ երկրին, եւ զերկուսն եւս ըստ իւրաքանչիւր չափու. եւ էր Բաբիկ նիզակակից զամենայն աւուրս կենաց նորա։ Նոյնպէս յամենայն գաւառս կացուցանէր սպարապետն Հայոց Մանուէլ նահապետս եւ տեարս գաւառաց գաւառաց. եւ առաջնորդէր ամենեցուն խաղաղութեամբ։ Եւ ամենայն երկիրն Հայոց ի խաղաղութեան ընդ հովանեաւն Մանուէլի զամենայն աւուրս կենաց նորա, ամենայն մարդիկ երկրին Հայոց վայելէին յաւուրս իւրեանց. ուտէին եւ ըմպէին եւ ուրախ լինէին զայն ամս եւթն տէրութեանն Մանուէլի, մինչեւ ի բաժանումն երկրին Հայոց եւ ի քակտումն թագաւորութեանն։

XLII

REGARDING THE SEVEN YEARS OF PEACE [IN ARMENIA].

After this for seven years the Iranian troops did not dare enter the borders of Armenia. There was peace in the country. All the dispersed [people] of the country assembled near general Manuel, coming together and encamping without a care. General Manuel directed them. Then three surviving lads from the tun of Siwnik' who had survived the Iranian destruction came to Armenia's general, Manuel. They were named Babik, Sam, and Vaghinak. Manuel, Armenia's general, received them. He helped them, returning them to their country. He made Babik the ter and the two [others], each according to his measure. Babik was the comrade-in-arms [of Manuel] all the days of his life. Similarly, Armenia's sparapet, Manuel, set up nahapets and lords in all the districts. He directed everyone in peace. All the days of his life the entire country of Armenia was at peace under Manuel's protection. All the people in the country enjoyed their days eating and drinking and making merry those seven years of Manuel's lordship—until the division of the country of Armenia and the destruction of the kingdom.

ԽԳ

Յաղագս Մերուժանայ արծրունոյ, որ հանդերձ զաւրաւք եկն ի վերայ Մանուէլի, եւ սատակեցաւ ի նմանէ:

Ապա Մերուժանն արծրունի վաղուց եւս յաւուրսն Արշակայ արքայի լեալ էր ապստամբ ի թագաւորէն Հայոց, ինքնակամ ձեռս տուեալ յարքայն Պարսից, եւ զաւրէնս Մազդեզանացն յանձն առեալ էր, եւ ուրացեալ զհաւատոսն քրիստոնէութեան հաւատոց, եւ բազում անգամ լեալ էր առաջնորդ զաւրացն Պարսից, եւ մեծամեծ չարիս անցուցեալ էր ընդ երկիրն Հայոց. եւ տակաւին էր նա առ թագաւորին Պարսից: Ապա գրգռեաց Մերուժանս այս զթագաւորն Պարսից, եւ առեալ զաւրս բազումս ի նմանէ, եւ եկն եհաս յերկիրս Հայոց: Եւ էր սորա մեծաւ պարծանաւք պարծեցեալ առ թագաւորին Պարսից, զի կամ կալեալ կապեալ տարցի զՄանուէլն առ թագաւորն Պարսից, եւ կամ զգըլուխն հատեալ զառաջեաւ բերէ թագաւորին Պարսից:

Գայր հասանէր ամենայն բազմութեամբն զաւրացն Պարսից յերկիրն Հայոց, եւ թողոյր զբանակ զաւրացն Պարսից ի գաւառին Կորճէից, եւ ինքն իւրով սեփհականաւն գնդաւն հրոսիւն ժողովելով մեկնէր զատանէր յԱրեաց գնդէն: Կամէր յանպատրաստից գալ անկանել ի վերայ Մանուէլի, միայն անձամբ անուն առնուլ, եւ ինքեան միայն կատարել ջանայր, զի ի պարծանսն իւրոյ անձամբ վճարել զգործ պատերազմին: Վասն այսորիկ այսպիսի բանս խաւսէր ընդ զաւրավարսն Արեաց գնդին, եւ ասէր եթէ Ես նախ երթայց լրտեսեցից, եւ զձեզ տարեալ արարից ի վերայ, զի այսպէս դիւրաւ լիցի ի բուռն արկանել ըմբռնել: Եւ ինքն զիւր գունդն առեալ, խաղայր գայր հասանէր յերկիրն Կոգ գաւառի. եւ ինքն զտեղի առեալ, առնէր լրտես ի բանակի Մանուէլի:

XLIII

HOW MERUZHAN ARCRUNI CAME AGAINST MANUEL WITH MANY IRANIAN TROOPS AND WAS KILLED BY HIM.

Already in the days of king Arshak, Meruzhan Arcruni had rebelled from the king of Armenia, had voluntarily extended his hand to the king of Iran, accepted the Mazdean faith and apostatized Christianity. Many times he guided the Iranian troops, inflicting very great evils upon the country of Armenia. [Meruzhan] was still with the king of Iran. But this Meruzhan greatly provoked the king of Iran, taking many troops from him, and coming to the country of Armenia. He had greatly boasted before the Iranian king that he would either seize, bind and bring Manuel to the Iranian king, or else he would behead him and bring his head to the king.

[Meruzhan] with the entire multitude of the Iranian troops reached the country of Armenia. He left a banak in the Korchek' district, then with his own personal brigade of assembled bandits he separated from the Aryan brigade. He wanted to come and spring upon Manuel unawares and he wanted to do this himself so that he could boast that he, personally, had concluded the war. To accomplish this he spoke to the generals of the Aryan brigade as follows: "I will go first and spy and then will take you upon them. In this fashion it will be easy to grab [Manuel]." [Meruzhan], taking his brigade, came to the country of Kog district. He stopped somewhere and spied on Manuel's banak.

BOOK V

Եւ գային հասանին լրտեսքն, եւ դիտէին զՄանուէլ, զի էր բանակ նոցա ի Բագրաւանդ գաւառի ի Բագուան աւանի, որ է մաւտ յաւերական Զարեհաւանդ քաղաքի: Եկին դիտեցին դէտքն զբանակն Մանուէլի, եւ զերամակ ձիոց բանակին յորում վայրի կային, եւ չոգան տարան զրոյց նմա:

Եւ խորհեցաւ նա առնուլ զերամակ բանակին. այնմ ուշ առնէր, եւ խնդալից եղեալ ասէր պարծելով առաջի իւրոց զաւրացն, թէ վաղիւ յայս ժամ իմ կալեալ կապեալ ընկեցեալ զՄանուէլն, եւ յանդիման նմին զկին նորա Վարդանոյշ խայտառակեալ իցէ: Եւ չու արարեալ կատարել զգործն յոր փութացեալ կամէր հասանել, եւ էին ի վայրսն ընդ որ գալ էր գնդին ընդ ճանապարհն լերինք ինչ, որում ի բնակչացն: Եղջերք կոչէն: Եւ մինչ դեռ գայր Մերուժանն ի ճանապարհի գնդաւն իւրով, դիպեցան նմա ուղեւորք. յորս հարցանէր Մերուժանն եւ ասէր, եթէ Ճանապարհս ի Բագրաւանդ ընդ ո՞ր երթայ: Եւ ուղեւորացն տուեալ պատասխանի, ասացին. Ճանապարհ ընդ Եղջերս է: Եւ մեծապէս խտրեաց Մերուժանն ընդ միտս իւր. տրտմեցաւ ընդ բանսն, սակայն տայր հրաման չարաչար քարշել զուղեւորսն եւ ծեծել: Եւ ինքն անցեալ ըստ ուղին իջանէր ի հմայս քաղդէութեան, զքուէս հարցանէր. եւ ոչ գոյր նմա յաջողակ յուռութ կախարդանացն յոր յուսայրն:

The spies went and observed Manuel['s army] which was in Bagrewand district, in the awan of Baguan, close to the ruins of the city of Zarehawand. The observers came and examined Manuel's banak and the herd of horses of the banak which were at liberty. They went back and gave this information.

[Meruzhan] thought to get hold of the banak herd because it would bring attention to himself. He delightedly boasted to his troops that: "Tomorrow I will seize Manuel and his wife, Vardanoysh, will be disgraced in his presence." He went off to accomplish the deed, anxious to attain his end. In the place through which the brigade had traveled were some mountains called Eghjerk'[25] by the inhabitants. While Meruzhan was on the road with his brigade, he encountered travelers whom he asked: "Which way does the road to Bagrewand pass?" The travelers responded: "The road is through Eghjerk'." Meruzhan took augury by this greatly inwardly, and was saddened by these words. He ordered that the travelers be wickedly dragged and beaten. Then as he went along the route, he turned to Chaldean magic to consult the lots. But the witchcraft he consulted did not give him a favorable reading.

---

25 *Eghjerk'*: "Horns".

Ապա սրտմտութեամբ մեծաւ զիւր դէտսն առաջի արկեալ յերամակական արշաւէր, զի հնար լիցի նմա նախ ըմբռնել: Եւ հասեալ ի տեղին, զերամակ ձիոց ոչ գտանէր. վասն զի յԱստուծոյ այնպէս իմն եղեւ իրաւունք պատրաստութեան Հայոց գնդին, զի սպարապետին Մանուէլի ամենայն Հայոց գնդին տուեալ էր ժամ յորս երթալոյ. վասն այսորիկ դիպեցաւ, զի զամենայն երամակն ի շէն էր ածեալ. եւ նոքա դեռ որսոյ պատրաստեալ էին ի հեծանել: Եւ անտի գուժաւոր հասանէր առ զաւրավարն Հայոց Մանուէլ, թէ Գիտա տես, զի Մերուժանն արծրունի հասեալ է բազում գնդաւ ի վերայ քո:

Ապա կազմեցան ըսի նմին պատրաստեցան ամենայն զաւրքն Հայոց գնդին, եւ Մանուէլ սպարապետն. եւ մտին առաջի սուրբ ոսկերացն Յովհաննու, որ կայր յայնմ գեւղ, ուխտաւոր լինէին եւ խնդրէին յԱստուծոյ, զարդար դատաւորն յաւգնականութիւն կոչէին, լինել նոցա այցելու աւգնաւան: Եւ անտի ի դուրս ելեալք, զտիկինն արշակունի հանդերձ մանկամբքն Արշակաւ եւ Վաղարշակաւ զնոսա եւ զիւրեանց կանանին ընդ նոսա արձակեալ, յամուր յուղարկէին ի լեառնն մեծ որ անուանեալ կոչի Վարազ: Եւ զմանուկն Արտաւազդ, որդի Վաչէի, ընդ կանանին տայր հրաման երթալ Մանուէլ. իսկ նա ոչ հաւանէր, չառնոյր յանձն: Եւ էր նա ի տիոց տղայ. եւ ըստ մանկութեանն աւրինի, ըստ կրաւնից Հայոց որպէս աւրէն էր զգլուխ մանկտոյն, սոյնպէս ի ժամանակին գերծեալ էր զգլուխ մանկանն Արտաւազդայ, եւ ցցունս էր թողեալ եւ գէս արձակեալ: Ապա իբրեւ ոչ հաւանեցաւ նա ընդ կանանին երթալ, մտրակ ի վեր առեալ Մանուէլի տանջէր զմերկ գլուխ Արտաւազդայ. սաստէր նմա չերթալի պատերազմ վասն մանկութեան ժամանակին տիոց: Իսկնա առ նորա ականէ գնաց ընդ նոսա. բայց ապա յետոյ վառեալ կազմեալ պատրաստեալ զկնի պատերազմին:

So in great anger [Meruzhan] sent his spies ahead to find some way of seizing the herd. But when he reached the place where the horses [had been kept], he did not find the herd. For God so had it that according to the preparedness of the Armenian brigade, the sparapet Manuel had designated a time for the entire brigade to go hunting. Consequently it happened that the whole herd had been driven to the shen and were ready to be mounted for the hunt. Then a news-bearer came to Armenia's general, Manuel, saying: "Be advised that Meruzhan Arcruni is coming against you with a large brigade."

All the troops of the Armenian brigade organized and prepared, as did sparapet Manuel. They went before the blessed bones of John[26] [whose chapel] was in that village, to make a covenant and beseech God, to call upon the aid of the righteous judge, to assist them with a visitation. Then they went outside. They accompanied the Arsacid tikin, with the youths Arshak and Vagharsak and their women to a stronghold on the great mountain called Varaz. Manuel ordered Vache's son, the youth Artawazd, to go along with the women. But [Artawazd] refused. He was a small boy. In the fashion of children, in accordance with the religion and rule of Armenia, the youth Artawazd's head was shaven with a long braid left free. Now when [Artawazd] refused to go with the women, Manuel raised his whip and beat upon his bare head. He forced him not to go into battle because of his youthful age. So [Artawazd] went with [the women] while [Manuel] was looking, but afterwards he armed, organized, and readied to go to fight.

---

26 *John* the Baptist.

Այլ յորժամ զտիկինն ամենայն աղախնիւն իւրեանց յուղարկեցին յամուրն, եւ ինքեանք վառեալք կարգեալք կազմեալք ի պատերազմն, ի մի վայր գումարեալք, նշանս արձակեալք դրաւշ փողփողեալս, ըստ Գեւղն աւան ի դուրս ելանէր ընդ կողմն արեւմտից. եւ անդէն ընդ առաջ ելեալ նոցա Մերուժանայ իւրով գնդաւն որ եկեալ էր ի վերայ նոցա: Եւ չարագործն մեղաւոր Մերուժանն զիւր զզէնն եւ զարդ եւ զնշանն սաղաւարտին բազմաց եղեալ էր զնոյն աւրինակ, եւ զբազումս յիւր կերպարանեալ էր ի մէջ իւրոյ գնդին, եւ ինքն զիւր նշան ոչ ունէր: Սակայն Մանուէլ իբրեւ տեսանէր զնոցա գունդն, հանդերձ իւրով գնդաւն, առիւծաբար վարազաւրէն յարձակեալ ի նոցա գունդն խառնեցաւ. ուշ եղեալ այնոցիկ որ զՄերուժանայ նշանսն ունէին, համարէր եթէ զՄերուժանն սպանանիցէ: Եւ զբազում ախոյենից հատանէին զգլուխս, որք զնոյն զնորին Մերուժանայ ունէին զնշանս, եւ տեսանէին զի չէր նա:

Ապա խաւսել սկսանէր սպարապետն Մանուէլ ընդ իւրում նիզակակցին Բաբկան, եւ ասէր: Տեսանե՞ս, քանի խաբեաց զմեզ կախարդն Մերուժանն. այլ իմ եւ նորա յառաջնու շատ լեալ ի միոջ վայրի ի հաշտութեան ժամանակի, նշան մի գիտեմ ես զնորա. զի յորժամ ի ձի հեծեալ էր, երան բարձի նորա ոչ յանձին եւ ի ծունկն ոչ հասանէր, այլ ի բացեայ կայ ի ձիոյ անտի: Արդ եկ զոյգ հաասրակ այսմ նշանի ուշ դիցուք, թերեւս ճանաչել կարասցուք զդիւթ քուէիցն զկախարդն:

Ապա զոյգ միտ եղեալ երկոցունցն, եւ տեսեալ զՄերուժանն, այնու նշանաւ ծանեան, տեսին զի յայլակերպս լեալ էր, զի զիւր նշանսն ոչ ունէր: Ապա ձայն տուեալ յառաջ կոչեաց զՄերուժանն Մանուէլ, եւ ասէ ցնա թէ Այ կախարդ, ցերբ խաբես զմեզ, եւ վասն քո եւ զայլս եւս տաս ջարդել. այլ մեք ծանեաք զքեզ զի աւադիկ կաս, եւ ապրել քեզ չիք հնար այսաւր ի ձեռաց մերոց. զի այսաւր էած կատարեաց զչարիս քո տէր Աստուած ի գլուխ քո, եւ մատնեաց տէր ի ձեռս մեր:

When they had accompanied the tikin and all their baggage to the stronghold, [the soldiers] themselves armed, arranged and prepared for battle. They gathered in one place with emblems and banners fluttering free, coming out of the western side of Gewgh awan. Meruzhan came before them with his brigade. The sinful malefactor Meruzhan had placed his own weapon, ornament and helmet emblem on many [men] in his brigade, causing many to resemble him. But he himself did not use his own emblem. As soon as Manuel saw their brigade, with his own brigade he fell upon them, resembling a lion or a wild boar. Observing those [men] who bore Meruzhan's emblems, he thought to kill Meruzhan. They beheaded many champions who had Meruzhan's emblem, but saw that they were not Meruzhan.

Then sparapet Manuel began to speak with his comrade-in-arms, Babik, saying: "Do you see how that sorcerer Meruzhan has tricked us? I recognize a sign of him from the many times during peace between us that we were in one place together. For when he is mounted on a horse, his thighs do not hug the horse but fly free of the horse. Come now, and look at these identical emblems. Perhaps we can discover the sorcerer of the lots."

Both of them put their minds to it and looked for Meruzhan. They recognized him disguised, not wearing his own emblem. Then Manuel called Meruzhan forward, saying to him: "Hey, sorcerer, how long are you going to deceive us and permit others to be killed because of you? We have spotted you and today you will not survive our hands. For today the Lord God has visited your evil upon your own head. The Lord has betrayed you into our hands."

Իսկ յորժամ զայն լսէր Մերուժանն, անդէն վաղվաղակի նիզակ առեալ, յառաջ խաղացեալ, ախոյեան ելանէր Մանուէլի: Սակայն յորժամ հարկանէին նիզակաւքն, քանզի երկոքեան արքն յաղթք էին, երկոքեան ի ձիոյն յերկիր անկանէին, եւ անդէն նիզակակիցն Մանուէլի Բաբիկ տէր գաւառին Սիւնեաց հասանէր, նիզակաւ ի վերուստ ի վայր ի կողին կարէր ընդ գետինն, եւ ոչ կարէր յառնել: Իսկ զսպարապետն Մանուէլ իւր վարաւանդասպասքն յերիվարն հանէին, եւ զՄերուժանայ զգլուխն ի բաց հատանէին. եւ ամենայն զաւրացն լինէր փախուստ, իբրեւ տեսին թէ Մերուժանն մեռաւ:

Եւ աստի գունդն մանուէլեան խրախոյս առեալ յարձակեցան զհետ մերուժանեան գնդին. հարկանէին սատակէին զնոսա, եւ զմի ի նոցանէն ոչ ապրեցուցանէին: Այլ մանուկն Արտաւազդ ի Մանուէլէ գաղտ եկեալ էր ի ճակատն. սակայն վառեցաւ կազմեցաւ եւ եմուտ, զանխուլ ի մանուէլեան գնդէն, առ ափն Եփրատ գետովն. եհար սատակեաց ի մերուժանեան գնդէ անտի անթիւ բազում սպառազէնս կոտորեաց: Եւ նշանակիր մի ի Մերուժանայ իբրեւ ետես զԱրտաւազդն, յընչացք եբաց. զի տեսանէր զնա պատանեակ մի կայտառ անմուրուս, երեսաւք գեղեցիկ. ապա զնշանն զնիզակաւն պատեալ, յարձակեցաւ ի վերայ նորա: Իսկ նա ընդ գիրկս մտեալ, հարկանէր զայրն նետիւ. եւ կարանէ ի կարան թափ հանեալ զնետն դի ցամաք ընկենոյր զնա: Եւ առեալ զնիզակն, զհետ մտեալ փախստէիցն, ընդ սուր հանեալ զզաւրսն Մերուժանայ, աւելի քան զամենեսեան Արտաւազդ որդի Վաչէին մանուկն կոտորէր. եւ ինքն մեծաւ անուամբ, եւ բազում աւարաւ զոր կապուտն թափէին ի զաւրաց թշնամեացն:

Now when Meruzhan heard that, he immediately took his spear and went forward to be Manuel's opponent. But when they struck each other with the spears (since both of them were huge men) both fell off their horses onto the ground. Then Manuel's comrade-in-arms, Babik, lord of the district of Siwnik', arrived and pinned [Meruzhan] to the ground with his spear by thrusting it into his side, such that [Meruzhan] was unable to arise. Sparapet Manuel was put on a horse by his grooms, and they cut off Meruzhan's head. All the troops fled when they saw that Meruzhan had died.

Then the Manuelean brigade, urging each other on, went in pursuit of the Meruzhanean brigade. They struck and killed them, not allowing a single one to live. The youth Artawazd, unbeknownst to Manuel, had come to the battle. He had armed, organized and entered [the fight] separately from the Manuelean brigade, and he [halted] by the banks of the Euphrates river. He struck and killed a countless multitude of armed men from the Meruzhanean brigade. When one of Meruzhan's emblem-bearers saw Artawazd he ridiculed him. For he saw a handsome, robust, beardless youth. With emblem on spear, he attacked him. Entering the encounter, he struck the man with an arrow. The arrow passed right through him and the corpse fell to the ground. Taking the spear, [Artawazd] pursued the fugitives. Artawazd the youth, son of Vach'e, put to the sword more of Meruzhan's troops than all of them. And [Artawazd returned] with a great renown and much loot, which they had taken from the enemy troops.

Բայց յաւուր յայնմիկ լինէր մեծ վնաս անհնարին. զի Վաչէ երկրորդն Մանուէլի, ձին զուլամբ երթեալ, սպանանէր: Սոյնպէս եւ զԳարջոյլ Մաղխազ ձին տարեալ սատակեաց. վասն զի տրմուղ ի թերավարժ ձիոյ հեծեալ էին երկոքին:

Իսկ դառնայր Մանուէլ երթայր ի բանակն տիկնոջն հասանէր. տանէին ընդ ինքեանս զգլուխն Մերուժանայ. եւ Սամուէլ որդի Վահանայ ոչ դիպեցաւ ընդ Մանուէլի, զի դարձաւ նա ի բանակն: Սակայն յորժամ տեսին զգլուխն Մերուժանայ կանայք բանակին Մանուէլի, մեծաւ աղաղակաւ ճիչ բառնային. զի նոքա այսպէս համարեցան թէ այն գլուխ Սամուէլի որդւոյ Վահանայ իցէ, վասն զի նման միմեանց էին երկոքեան, Մերուժանն եւ Սամուէլ: Ապա տեսին զգլուխն Մերուժանայ, զի զցիցն երկայն կախեալ էր, յայնմ ծանեան եթէ չէ Սամուէլայ, այլ Մերուժանայ արծրունոյ. այլ ասացին. Սակայն դա մեր եղբայր է: Ապա եկին բերին զմարմին Վաչէի ի բանակ անդր, հաւրն Արտաւազդայ, եւ զմարմինն Գարջուլայ Մախազու խոռխոռունոյ, եդին աշխարհ մեծապէս, եւ լացին զնոսա: Եկին բերին զայրն նշանակիրն Մերուժանայ, զոր եհարն Արտաւազդ նետիւն. եւ ամենայն ոք զարմանայր ընդ այն, զի նետն թափ կարանէ ի կարան անցեալ էր, իբրեւ տեսին զնա ապրեցաւ ի մահուանէ: Այլ իբրեւ լուան զաւրքն Պարսից զոր թողեալ էր Մերուժանայ ի գաւառն Կորճէից թէ սատակեցաւ Մերուժանն, եւ կորեաւ գունդն որ ընդ նմա, եւ ինքեանք ի Պարսից երկիրն փախստական գնացին, եւ Հայոց երկրին լինէր խաղաղութիւն բազում:

But on that day, there was an unbelievably great loss, for the horse of Manuel's second, Vach'e, fell and killed [Vach'e]. Garjoyl Maghxaz was also killed as a result of his horse, for both of them had mounted untrained horses.

Manuel then went to the tikin's banak. They took Meruzhan's head with them. Samuel, Vahan's son, did not happen to be with Manuel then, since he returned to the banak. When the women of Manuel's banak saw Meruzhan's head they started to shriek loudly, since they thought it was the head of Vahan's son Samuel (because Meruzhan and Samuel resembled each other). But after looking at Meruzhan's head, which was impaled on a long spike, they realized that it belonged not to Samuel but to Meruzhan Arcruni. But they said: "He is, nonetheless, our brother." Then they brought to the banak the bodies of Vach'e [Artawazd's father] and of Garjoyl Maxaz Xorhxorhuni for whom they lamented greatly and wept. Then they brought [the body of] the man who had been Meruzhan's emblem-bearer, whom Artawazd had felled with an arrow. Everyone was amazed at this, since the arrow had passed right through him. When they saw him, he was saved from death. Now when the Iranian troops which Meruzhan had left in the Korchek' district learned that Meruzhan had perished and that the brigade with him had been lost, they themselves fled to the country of Iran. There was much peace in the land of Armenia.

ԽԴ

Յաղագս թէ զիարդ թագաւորեցոյց Մանուէլ սպարապետն զմանուկն Արշակ, եւ ապա ինքն Մանուէլն մահու մեռանէր:

Ապա յետ այսր ամենայնի զաւր արարեալ զաւրավարն սպարապետն Մանուէլ, հանդերձ արշակունի տիկնաւն, եւ մանկամբքն երկոքումբք Արշակաւն եւ Վաղարշակաւն, հանդերձ ամենայն բանակաւն Հայոց մեծամեծ աւագայնովն նախարարաւքն եկեալ հասանէր ի գաւառն Կարնոյ. եւ ամենայն տանուտեարք ընդ նմա: Եւ տայր սպարապետն Մանուէլ զդուստր իւր Վարդանդուխտ կին Արշակայ մանկանն արշակունոյ, եւ փեսայ իւր առնէր զնա: Առնէր հարսանիս եւ եղբաւր նորին Վաղարշակայ, եւ տայր նմա զդուստր ասպետին բագրատունոյ ի Սպեր գաւառէ, որ թագաւորքն թագակապքն լեալ էին ի բնմէ ազգին թագաւորութեանն արշակունոյ. եւ մեծապէս արարեալ զհարսանիսն ամենայն երկիրն Հայոց, ցնծացեալք խնդացեալք էին ընդ այն մեծ խնդութիւն ուրախութեանն: Ապա յետ այսորիկ դարձեալ ի մի վայր ժողովեալ զաշխարհ ամենայն զմարդիկ երկրին Հայոց, եւ թագաւորեցոյց զմանուկն զԱրշակ երկրին Հայոց, եւ զՎաղարշակ երկրորդ նմին: Եւ ընդ այն եւս ցնծացեալ առնէին մեծապէս ուրախութիւն եւ ցնծութիւն ամենայն երկիրն Հայոց:

Ապա յետ այսորիկ հիւանդացաւ սպարապետն զաւրավարն Հայոց Մանուէլ զախտ հիւանդութեան մահու. եւ կոչեաց զորդի իւր զԱրտաշիր, եւ ետ նմա զտէրութիւն իւր եւ զսպարապետութիւն զաւրավարութեանն իւրոյ: Եւ պատուիրէր նմա հնազանդ հպատակ կալ արքային Արշակայ, եւ լինել միամիտ.

XLIV

HOW THE GREAT SPARAPET MANUEL ENTHRONED THE LAD ARSHAK, AND HOW MANUEL THEN DIED.

After all this, general sparapet Manuel went to the district of Karin taking along the Arsacid tikin, the two youths, Arshak and Vagharshak, and all the Armenian banak with the grandee nobility of naxarars, and all the tanuters. Sparapet Manuel married his own daughter, Vardanduxt, to the youth Arshak Arshakuni, making him his son-in-law. He also held a wedding for [Arshak's] brother Vagharshak, marrying him to the daughter of the Bagratid aspet from the Sper district. [The Bagratids] were coronants of the kings of the azg of the Arsacid kingdom, from the beginning. The entire country of Armenia celebrated the wedding in delighted exuberance. After this, once again all the people of the country of Armenia gathered and enthroned the youth Arshak as king of the country of Armenia and Vagharshak as his second. At this, the entire country of Armenia rejoiced yet more.

After this Manuel, the sparapet general of Armenia, became sick with a fatal illness. He called his son Artashir and gave him his terut'iwn, sparapetut'iwn and generalship and ordered him to be an obedient and loyal subject of king Arshak:

Ջանալ եւ վաստակել, եւ տալ պատերազմ փոխանակ աշխարհին Հայոց զանձն քո, որպէս քաջ նախնիքն ի վերայ աշխարհին մտադիր մեռանել: Զի, ասէ, առ Աստուած այն արդարութիւն մեծ է եւ ընդունելի. եւ ոչ Աստուած թողու ի ձեռաց, յորժամ այնպէս լինիք: Անուն քաջութեան յերկրի թողցուք, եւ զարդարութիւն յերկինս ընծայեցուցանէք. եւ ամենեւին ի մանուանէ մի երկնչիք, այլ յուսաջիք յայն որ զամենայն արար եւ հաստատեաց: Եւ զնենգութիւն եւ զպղծութիւն եւ զչարութիւն յանձանց ձերոց ի բաց արարէք. եւ զտէր Աստուած սրբութեամբ եւ միամըտութեամբ պաշտեցէք. եւ ի վերայ աստուածապաշտ աշխարհի համարձակութեամբ մեռարուք, զի այն ինքն մահ վասն Աստուծոյ է, փոխանակ եկեղեցեաց նորա եւ ուխտի նորա, եւ ի վերայ բնակ տէրանց աշխարհիս արշակունոյ:

Եւ յետ այսորիկ գրեաց հրովարտակ առ թագաւորն Յունաց, եւ նմա յանձն արար զաշխարհ Հայոց եւ զԱրշակ արքայ: Եւ յետ այսորիկ իբրեւ միահամուռ ժողովեալ կային շուրջ զնովաւ, եւ իբրեւ կայր հիւանդ ի մահիճս իւր, անդ թագաւորն Արշակ եւ անդ Վարդանդուխտ կին թագաւորին, եւ անդ ամենայն աւագք եւ մեծամեծք եւ նախարարք Հայոց այր եւ կին առ հասարակ ամենայն երեւելի մարդիկ, ապա եբաց Մանուէլ զամենայն զանդամս իւր առ հասարակ առաջի ամենեցուն, մերկացաւ եւ եցոյց զի քան զդըրամ խայծ ոչ գտանէր ողջ ի մարմնի նորա զոր խոցեալ էր ի պատերազմի. զի աւելի քան զյիսուն սպի կայր վիրաց եւ յառնի յանդամսն, զայն անգամ բացեալ առաջի ամենեցուն ցուցանէր: Սկսաւ լալ, եւ ասել թէ

"Try and labor and give your life in warfare for the land of Armenia just as [your] brave ancestors were ready to die for the land. To God that righteousness is great and acceptable, and He will not abandon you when it is so. Leave a name for bravery on earth and you will be granted righteousness in Heaven. In no way fear death; rather, place faith in Him Who made and confirmed everything. Stand clear of duplicity, abomination and evil, and worship the Lord God with sanctity and loyalty. Die courageously for the pious land, for that itself represents death for God, for His Churches, His covenant and for the natural Arsacid lords of the land."

After this [Manuel] wrote a hrovartak to the Byzantine emperor entrusting the land of Armenia and king Arshak to him. Manuel lay sick on his bed, surrounded by king Arshak and Vardanduxt [the king's wife] all the awags and naxarars of Armenia, men and women, generally all the prominent people. In the presence of all of them Manuel exposed all his limbs to them, revealing that there was not an area—even the size of a *dram*—which had not been wounded in battle. There were more than fifty scars, including on his male member, which he displayed to all of them. He began to weep, saying:

Ես ի մանկութենէ համակ սնայ ի պատերազմունս, եւ մեծաւ քաջութեամբ զամենայն վէրս յանձն իմ առի. եւ ընդէ՞ր ոչ եհաս ինձ մեռանել ի պատերազմի, քան զաւրէն անանուն մեռելոյ եղէ: Զի լաւ էր ինձ եթէ ի պատերազմի մեռեալ էի ի վերայ աշխարհի, զի մի զեկեղեցիս եւ մի զուխտ Աստուծոյ առ ոտն կոխիցեն: Սակայն եւ ի վերայ Արշակունեաց բնիկ տէրանց աշխարհիս, եւ ի վերայ կանանց եւ ի վերայ որդւոց մերոց, եւ ի վերայ աստուածապաշտ մարդկանս եւ ի վերայ եղբայրութեան ընկերութեան եւ մտերիմ բարեկամութեանն զի էր թէ հասեալ էր ինձ մեռանել. թէպէտ շատ զանձնս յանդուգն վարեցի, զվատթար մահիս մահճացս եհաս ինձ մեռանել:

Զայս եւ բազում եւ աւելի քան զսոյնս խաւսեցաւ առաջի Արշակայ արքայի եւ առաջի ամենեցուն. եւ աղաչեաց եւս զթագաւորն Արշակ, եւ ասէ. Իմ Աստուծով կեցեալ է ջերմ քրիստոնէութեամբ, մի յանկարգ իբրեւ հեթանոսս կոծ կամ աշխարանս ոք անյուսութեամբ դնիցէ ինձ: Զի որ միանգամ յուսոյ յարութեան ակն ունին, միւսանգամ կենդանութեան եւ գալստեանն Քրիստոսի, չէ պարտ լալ զնոսա: Այլ իմ ցայժմ յուսով երկիւղիւ կեցեալ, բայց դուք մի թիւրիցիք ի պատուիրանացն Աստուծոյ:

"From my childhood onward I was always nourished on battle and bore all of my wounds with great bravery. Why was I unable to die in battle, but rather am dying the way an animal dies? For it would have been better if I had died fighting for the land so that neither the churches nor the covenant of God be trampled underfoot. However I did not manage to die for the Arsacids, the native lords of the land, for our women and children, for the pious people, for the brotherhood of comrades and intimate friends. Though I deported myself boldly, a bad death comes to me in my bed."

[Manuel] said this and much more in the same vein in the presence of king Arshak and everyone. He beseeched king Arshak further, saying: "I lived through God and devout Christianity. Let no one hopelessly lament and mourn excessively for me, contrary to the rule, as a pagan. For those who have faith in resurrection, a second life, and the coming of Christ should not weep. Thus far I have lived with the expectation of piety. Do not stray from God's commandments.

Աւելի զարդարութենէ փոյթ արաս֊ջիք, եւս առաւել զողորմութենէ: Զի մեզ մեծ հայրապետն Ներսէս զայս համակ պատուիրէր. եւ ինքն յամենայն ժամ ի կենդանութեանն զսոյն գործէր, եւ այլոց ուսուցանէր առնել. զի ողորմէր աղքատաց, տնանգաց, գերեաց, ամայեաց, աւտարաց, պանդխտաց. զի այսպէս ասէր նա. Քան զողորմութիւն առնել, կամ քան զտուրս տալ, այլ ինչ մեծ եւ պատուական առաջի Աստուծոյ չիք: Եւ զաշխար կամ զկոծ դընել մեռելոց դառն մեղս համարէր, եւ յամս իւր եհատ զայս յերկրէս Հայոց. զի յաւուրս նորա ոչ ոք իշխէր դնել կոծ կամ աշխարանս. այլ յետ մահու նորա անմիտ մարդիկ համարձակեցան զայս գործել: Այլ վասն իմ ոք կոծ մի դիցէ. եթէ դնէ ոք, նա լիցի դատապարտ. այլ ոչ եթէ յետ մահու իմոյ իմ իշխանութիւն ինչ է սաստել, զի զոր ոչն կամիմ մի արասցեն. այլ ինձ յիշատակ արասցէ որ զիս սիրէ: Ի պատերազմի ի մահուանէ մի երկնչիք, ուր ես ոչ մեռայ. զի առանց Աստուծոյ ինչ ոչ լինի:

Զայս եւ զայսպիսի, եւ որ ինչ այս բանից նման են բանք, խաւսեցաւ: Բազում եւ անչափ գանձս աղքատաց եւ կարաւտելոց բաշխէր, իւրովք ձեռաւք մատակարարէր. եւ բազում մասունս յընչից իւրոց տայր յեկեղեցիս եւ ի վկայանոցս, եւ բազում գանձս տայր ցքահանայապետսն. եւ ապա ինքն մեռանէր: Այլ իբրեւ մեռաւ մեծ սպարապետն Մանուէլ, հրամանն զոր տայր Ցաղագս կոծոյն չդընելոյ այնմ ինչ ոք ոչ անսաց. այլ ամենայն մարդ երկրին Հայոց կոծ եղեալ, մեծաւ աշխարանաւք լային զնա առ հասարակ ազատք եւ շինականք: Զի ամենայն մարդ իբրեւ զհայրէ ի կարիս առնէին զնմանէ վասն քաղցրութեան մարդասիրութեան հեզութեան հանդարտութեան խնամոտ բարեբարութեան բարէնշան զաշխարհաշէն անձն Մանուէլի: Ամենեքեան բերանաբաց հառաչէին զկնի նորա, կղկղաթ կաթոգի լինէին զիւրեանց քաջ զաւրավարէն, զփրկչէն իւրեանց, զյաղթական զանուանին զարգասուէն, յայնպիսոյն հեռացեալ գնացեալ ի յանջատելն ի մեկնելոյն:

Be more concerned with righteousness and mercy, for the great patriarch Nerses was always urging us to do this. Every hour of his life he himself behaved so, and taught others the same. He had mercy on the poor, the indigent, captives, the devastated, foreigners and exiles, saying: 'There is nothing greater and more honorable before God than dispensing alms or giving gifts.' He regarded it a bitter sin to lament or mourn excessively for the dead. During his day he had stopped this [practice] in the country of Armenia, and no one dared to do it. But after his death, stupid people dared to do it. Now let no one mourn me excessively, otherwise he will be condemnable. After my death I lack the authority to punish those who do as I do not want. Let those who love me remember me. In warfare—where I did not die—do not fear death. For without God there is nothing."

[Manuel] said this and other similar things. With his own hands he distributed an incalculable amount of treasure to the poor and the needy. He gave many parts of his belongings to the Church and the martyria, and much treasure to the chief priests. Then he died. Now when the great sparapet Manuel died, no one heeded the order he had given about not mourning excessively. On the contrary, everyone in the country of Armenia, azats and shinakans alike mourned excessively with great weeping and lamentation. For everyone regarded the well-formed constructive Manuel as a father because of his goodness, humanity, mildness, tranquility and concerned benevolence. With their mouths open, everyone wailed and sighed longingly for their brave general, their savior, their victorious, renowned, productive [sparapet], who had gone and been separated from them.

ՎԵՑԵՐՈՐԴ ԴՊՐՈՒԹԻՒՆ

ՎԵՐՋ

Ա

Յաղագս ընդ երկուս բաժանելոյն աշխարհին Հայոց, եւ թագաւորելոյն Արշակայ հրամանաւ թագաւորին Յունաց, եւ կէս ազգին թագաւորեալ Խոսրով հրամանաւ թագաւորին Պարսից, թէ որպէս զաշխարհն ընդ երկուս բաժանեալ սահման ի մէջ իւրեանց արկանէին, եւ որպէս աշխարհն հատան յիրաքանչիւր յերկոցունց կուսաց:

Ապա յետ մահուն Մանուէլի զաւրավարին Հայոց ոչ իմն կարաց հաստատել ի վերայ աշխարհի թագաւորութեանն Արշակայ. այլ բազումք ի Հայոց նախարարացն անտի ելին զատեան գնացին առ թագաւորն Պարսից, եւ մատնեցին նմա զաշխարհն Հայոց. եւ խնդրեցին ի նմանէ թագաւոր արշակունի: Եւ նորա յանձին կալեալ մեծաւ խնդութեամբ ընդ իւր ձեռն տալ իւրով բանիւ ի նմին տոհմէ ի թագաւորութենէն Հայոց արշակունի, եւ նովաւ յինքն գրաւել զաշխարհն Հայոց: Ապա գտանէր ի նմին տոհմէ մանուկ մի անուն Խոսրով, եւ կապեաց թագ ի գլուխ նորա. եւ ետ նմա կին զքոյր իւր զՁրուանդուխտ, եւ արար ընդ նմա զամենայն զզաւրս զաւրութեան իւրոյ. եւ Զիկ նուիրակ դաստիարակ ետ արքային Խոսրովայ. եւ եկին հասին յաշխարհն Հայոց: Իբրեւ ետես Արշակ արքայ զնոսա, մերժեցաւ տեղի ետ չոգաւ գնաց ի սահմանս Յունաց, եւ էրն թիկունք Արշակայ թագաւորին Հայոց. եւ Խոսրովու թագաւորն Պարսից:

SIXTH BOOK

ENDING

I

HOW THE LAND OF ARMENIA WAS DIVIDED IN TWO, WITH HALF THE ARMENIAN PEOPLE BEING RULED BY ARSHAK AT THE ORDER OF THE BYZANTINE EMPEROR, AND HALF THE PEOPLE BEING RULED BY XOSROV AT THE ORDER OF THE IRANIAN KING. AND HOW, AFTER THE LAND OF ARMENIA WAS DIVIDED INTO TWO PARTS, THEY SET A BOUNDARY BETWEEN THEM; HOW OTHER LANDS AND DISTRICTS WERE SEPARATED AND THEIR TERRITORIES DIMINISHED ON ALL SIDES BY THE TWO [FOREIGN POWERS].

After the death of Manuel, Armenia's general, no one was able to establish the reign of Arshak over the land. Rather, many of the Armenian *naxarars* went in a body to the king of Iran to whom they betrayed the land of Armenia. They requested from him an Arsacid king. With great delight [the Iranian king] consented [to find a candidate] from the same Arsacid *tohm* as the Armenian kingdom, and through him he would get hold of the land of Armenia. He found a youth named Xosrov, from that same tohm, put the crown on his head, and married him to his sister Zruanduxt. [The Iranian king] also sent all the forces at his disposal along with king Xosrov and gave him the nuncio Zik as a tutor. They arrived in the land of Armenia. When king Arshak saw them, he gave way and departed, going to the Byzantine border. [The Byzantines] supported Arshak [as] king of Armenia, while the Iranian king supported Xosrov.

Ապա եկին զաւրքն Յունաց թագաւորին ի թիկունս, եւ թագաւորն Արշակ զԵկեղեաց գաւառաւ, եւ զաւրքն Պարսից եւ արքայն Խոսրով յԱյրայրատ գաւառին: Ապա դեսպանք եւ հրեշտակք երկուց թագաւորացն, Յունացն եւ Պարսից, միմեանք առ միմեանս երթեւեկէին: Եւ այնուհետեւ առնէ խորհուրդ միաբանութեան հաւանութեան ընդ միմեանս թագաւորն Յունաց եւ թագաւորն Պարսից. եւ լաւ համարեցան զաշխարհին Հայոց նախ ընդ երկուս ի մէջ իւրեանց բաժանել. զի աւէին թէ ի միջի բնակեալ է այս հզաւր եւ հաւրուստ թագաւորութիւն, լաւ է զի այսու եղծանել եւ խանկարել կարասցուք զայս թագաւորութիւնս. նախ ընդ երկու բաժանել երկու թագաւորաւքս արշակունաւք զորս կացուցաք, ապա եւ ընդ նոսա կրծել ջանասցուք, աղքատացուցանել, ի մէջ արկանել ի ծառայութիւն զի մի կարասցեն ի մէջ մեր ամբառնալ զգլուխս:

Եւ հաստատեցին զայս խորհուրդ. ընդ երկու զաշխարհին բաժանեցին: Բաժին կողմանն Պարսից էր թագաւորին Խոսրովու, եւ բաժինն մասին Յունաց էր թագաւորին Արշակայ: Բայց եւ ի նոցանէ բազում գաւառք կրծեալք հատեալք այսր անդր, եւ մնաց սակաւ մասն յաշխարհաց երկոցունց առ երկոսեան թագաւորսն: Բայց սակայն երկոքեան թագաւորքն Հայոց Արշակ եւ Խոսրով, որ սիւնքն գաւառքն մնացին թագաւորութեանն Հայոց երկոցուն կողմանց ի մէջ իւրեանց, եւ երկոքեան թագաւորքն արշակունիքն ի մէջ երկու բաժնացն սահմանս արկեալ հաստատէին խաղաղութեամբ, եւ երկիրն Հայոց երկոքեան բաժինքն, երկուց թագաւորացն հնազանդէին իւրաքանչիւր բաժնի իւրաքանչիւր թագաւորի. բայց սակայն մեծ էր Խոսրովու բաժին նորա քան զԱրշակայ: Եւ բազում գաւառք յերկոցունցն հատան. նուաղեաց բաժանեցաւ ցրուեցաւ թագաւորութիւնն Հայոց, պակասեաց յիւրմէ մեծութենէն յայն ժամանակն եւ յապայ:

Then the troops of the Byzantine emperor came to help. King Arshak was in the vicinity of Ekegheac' district, while the Iranian troops and king Xosrov were in Ayrarat district. Emissaries and messengers of the two kings, Byzantine and Iranian, were going back and forth to each other. Then the two kings decided upon peace. They thought it would be a good thing first to divide the land of Armenia into two parts, between themselves, saying: "It would be good to try to obstruct and destroy this mighty and wealthy kingdom which is in our midst. First we divide it into two, under two Arsacid kings whom we installed. Later through them we shall try to destroy and impoverish [the Armenians] and put them into service so that they will be unable to raise their heads between us."

They confirmed this plan, and divided the land into two. The Iranian sector went to king Xosrov, while the Byzantine sector went to king Arshak. But there were many districts which had been shorn away here and there and only a small part of the lands remained to the two kings. Nonetheless, between the few remaining districts ruled by the two Arsacid kings, Arshak and Xosrov, they established borders peaceably, while each of them was obedient to his own monarch. Xosrov's sector was larger than Arshak's. But many districts had been cut away from both of them and the greatness of the Armenian kingdom waned then and subsequently.

Բ

Յաղագս եպիսկոպոսացն, որ երեւելիք էին յայնմ ժամանակի ի մասինն յաշխարհին Խոսրովու յերկրին Հայոց որ ընդ Պարսից ձեռամբ էին. նախ վասն վարուց Զաւինայ:

Եւ էր Զաւէնս այս անուանի զաւակ Աղբիանոս եպիսկոպոսի ի գեղջէ Մանաւազկերտոյ. էր սա բարոյիւք այր չարաչար, խիստ եւ նախանձոտ: Բայց սակայն կրաւնս մի, զոր եդ յիւրում ժամանակի. զի ամենայն քահանայից ուսոյց առնել հանդերձ զինուորաց: Զի թողին զկրաւն առաքելական եկեղեցեացն, սկսան գնալ ըստ իւրեանց մտաց. զի ոչ ըստ կրաւնիցն ազանէին քահանայքն զպճղնաւորն, որպէս աւրէն էր ի բնէ, այլ սկսան զխոտորկտուրսն ի վերայ ծնգացն ունել: Եւ զարդարէին զհանդերձս իւրեանց պէսպէս նարաւտաւք, եւ սիգային որպէս ոչ վայել էր. եւ զմորթ մեռելոտիս գազանացն քահանայքն անխտիր ազանէին, որ ոչ վայել էր: Եւ ինքն Զաւէնն աթինեալս եւ զտապակեալս զժապաւինեալս նարաւտաւք ազանէր, զսամուրեննիս եւ զկնգմեննիս եւ զգայլեննիս ազանէր. եւ աղուեսեննիս զանձամբ արկեալ, անխտիր ի բեմ ելեալ նստէին: Որկորստութեամբ ագահութեամբ անառակութեամբ կայր Զաւէնն զամենայն աւուրս կենաց իւրոց. եւ սա կալաւ զտեղի զամենայն աւուրս կենաց իւր ամս երիս:

II

CONCERNING THE BISHOPS WHO WERE NOTEWORTHY IN THAT PERIOD IN THE PORTION OF THE COUNTRY OF THE ARMENIANS RULED BY XOSROV; FIRST, ABOUT THE BEHAVIOR OF ZAWEN.

Zawen was a descendant of the celebrated bishop Aghbianos from Manazkert village. He was a man with a wicked, severe and jealous nature. The innovation of his time was that he taught all the priests to dress as the soldiers did. They had forsaken the religion of the Apostolic churches and began to behave as they pleased. For the priests did not wear a long robe descending to the heels, as is proper for clerics, rather, they started wearing a tunic that went only to the knees. They decorated their clothing with various ribbons, and strutted about in a way that was unbecoming. The priests were indiscriminately wearing the skins of animals, which was not becoming. Zawen himself wore ornate clothing adorned with ribbons and embroidery, a sable, an ermine, and wolf-skin. He even sat on the *bem*[22] wearing fox-skin. Zawen passed all the days of his life in gluttony and licentiousness. He held the position for three years.

---

22 *Bem:* pulpit/platform.

Գ

Յաղագս Շահակայ կորճէի, որ եկաց ի տեղի Զաւենայ գլուխ եպիսկոպոսաց։

Ապա Շահակ կորճեայ եկաց գլուխ եպիսկոպոսաց փոխանակ Զաւինայ յետ մահու նորա ամս երկուս։ Եւ էր սա այր քրիստոնեայ, բայց ոչ ինչ զչարեցաւ ընդ կարգս Զաւինայ զոր եղեալն էր նորա փոխել. սակայն առաջնորդեաց սա ամս երկուս, եւ փոխեցաւ յաշխարհէ։

Դ

Յաղագս Ասպուրակայ մանազկերտացոյ, որ եկաց գլուխ եպիսկոպոսաց յետ Շահակայ։

Ապա յետ մահուն Շահակայ եպիսկոպոսի եկաց գլուխ եպիսկոպոսաց Ասպուրակ ոմն ի զաւակէ Աղբիանոսի եպիսկոպոսի, այր քրիստոնէամիտ աստուածապաշտ արդար. եւ առաջնորդեաց դրանն Խոսրովու։ Բայց միայն վասն կրաւնիցն հանդերձոյն զեղեալ կարգն ըստ կրաւնիցն Զաւինայ գնային սոքա։

III

REGARDING SHAHAK OF KORCHEK' WHO BECAME HEAD OF THE BISHOPS AFTER ZAWEN.

Then after Zawen's death Shahak Korchek' became head of the bishops for two years. He was a Christian man, but in no way altered Zawen's arrangements. He led for two years and died.

IV

REGARDING ASPURAK OF MANAZKERT, WHO BECAME HEAD OF THE BISHOPS AFTER SHAHAK.

After the death of bishop Shahak, a certain Aspurak, a descendant of bishop Aghbianos, became head of the bishops. He was Christ-minded, pious and righteous, and led Xosrov's court. But he followed the arrangements of Zawen concerning religious clothing.

Ե

Յաղագս Փաւստեայ եւ Զորթայ եպիսկոպոսաց:

Էր առ այնմ ժամանակաւ Փաւստոս եպիսկոպոս. սա ի ժամանակս Ներսէսի եպիսկոպոսապետին էր ի տան նորին իբրեւ թելակալ: Սոյնպէս Զորթ այր ներքինի ընդ նոսին. քանզի էին ի ներքնի հայրապետին ի տան իւրում ընդ նորա ձեռամբ երկոտասան եպիսկոպոսք, աթոռակիցք իւր, գործակիցք եւ խորհրդակիցք: Թող զայլոց գաւառաց ամենայն եպիսկոպոսեանն որ ընդ նովաւ. այլ երկոքեան սոքա յայնց երկոտասանիցն: Եւ էին սոքա ի տեսչութիւն աղքատանոցացն հաւատացեալք, եւ յամենայնի էին հաւատարիմք նորա ի ժամանակս նորա, եւ յամս Խոսրովու եւ Արշակայ երկուց թագաւորացն բաժանաւորացն, մինչ դեռ եւս կային նոքա կենդանիք:

Զ.

Յաղագս Առոստոմայ եղբաւր Փաւստեայ եպիսկոպոսին:

Եւ էր եղբայր մի Փաւստեայ եպիսկոպոսի, կրաւնազգեաց մէնակեաց անապատակեաց լեառնական սքանչելի: Եւ էին լեալ սոքա ազգաւ Հոռոմ. այ այրս այս մեծաւ վարեաւք շրջէր զամենայն աւուրս կենաց իւրոց: Եւ էր սա բնակեալ յարայրատեան գաւառին, եւ վարէր նա Հոգւով սրբով. շրջէր սա յանապատս մաշկահանդերձ ճարակաւոր ի լերինն մինչեւ յաւր հանգստեան իւրոյ: Ապա հանկեաւ սա. եւ բերին յանապատէն զմարմին սորա, թաղեցին ի բուն ի գեւղն հայրապետին Ներսէսի, որում անուն Ամաւքն կոչի. եւ ամի ամի զյիշատակ նորա կատարէին:

V

CONCERNING THE BISHOPS P'AWSTOS AND ZORT'.

In this period [there lived] bishop P'awstos who, in the time of the archbishop Nerses, had been a manager in his house. Similarly the advisor Zort' was with them, for there were in the patriarch's house, under his disposition twelve bishops, his coadjutors, colleagues and advisors, to say nothing of all the bishops from the other districts who were under him. These two were of those twelve bishops. They were in charge of the believing poor. In [Nerses'] day they were trusted by him in everything and were still alive during the years of the two divided kings Xosrov and Arshak.

VI

CONCERNING ARHOSTOM, BROTHER OF BISHOP P'AWSTOS.

Bishop P'awstos had a brother, a marvelous, religious cenobite of the mountain retreats. Both of them were of Roman [Greek] nationality. All the days of his life this man wandered about with great piety. He dwelled in the Arayratean district and acted in accordance with the Holy Spirit. Until the day of his repose, he wandered the wildernesses as a vegetarian in the mountains, wearing skins. Then he died. They brought his body from the wilderness and buried it at the *bun* village of the patriarch Nerses, at a place called Amok'. Every year they commemorated [his death].

Է

Յաղագս Արտթայ եպիսկոպոսին Բասենոյ:

Յայնմ ժամանակի երեւելի էր յեպիսկոպոսսն, որ էին, Արտիթ եպիսկոպոս Բասենոյ, այր ծերունի պատուական եւ պիտանի: Սրբութեամբ եւ ճշմարտութեամբ էր վարեալ. իբրեւ արժանի եղեալ սա Հոգւոյն սրբոյ մեծաւ զաւրութեամբ շրջէր, առնէր նշանս մեծամեծս ամս բազումս: Սա աշակերտեալ մեծին Դանիէլի որ էրն յամս Տիրանայ արքայի, եւ կենդանի կայր յամսն Խոսրովու արքայի եւ Արշակայ, երկուց թագաւորացն Հայոց:

VII

ABOUT ARTIT', BISHOP OF BASEN.

In that period, among the prominent bishops, was Artit', bishop of Basen, who was a venerable and useful old man. He behaved with sanctity and righteousness, as though worthy of the Holy Spirit. He travelled around with great power for many years accomplishing very great miracles. [Artit'] had been a student of the great Daniel who lived in the years of king Tiran. He was still alive during the years of Xosrov and Arshak, the two kings of Armenia.

Ը

Յաղագս Յոհաննու եպիսկոպոսի, եւ վարուց նորա, եւ անմտութեանն եւ շաղաշուտ խաւսիցն եւ գործոցն, եւ նշանացն որ յԱստուծոյ ի վերայ նորա եղեն:

Այլ Յոհան եպիսկոպոս, որդի Փառինայ հայրապետի հինաւուրց. թէ արժան իցէ զնա կոչել եպիսկոպոս: Եւ էր սա այր կեղծաւոր, եւ երեւեցուցանէր ինքն զանձն իւր մարդկան պահող եւ խորգահանդերձ. մինչ զի մոյգս անգամ ոչ ագանէր, այլ զամառն հեսկով պետէր, եւ զձմեռն կեմով: Եւ յագահութեան առանց չափոյ էր հեղեալ, եւ ոչ կարէր տալ զագահութիւն իւր ընդ երկիւղին աստուծոյ. այնչափ ինչ, զի զիրս անարժանս եւ չհաւատալիս գործէր:

Զի էր երբեմն դիպեալ ի ճանապարհի ուրեմն, զի նստէր նա ի գրաստու վերայ եւ գայր. եկ դիպեցաւ սմա աւտար պատանի մի աշխարհական հեծեալ ի ձի, սուսեր ընդ մէջ, թուր զգաւտոյ, աղեղնակապարճ զմիջովն. լուացեալ զհերս իւր, աւծեալ մերձեալ, վարսակալ եդեալ ի գլուխ իւր, եւ աւդիկ արկեալ զուսովք իւր. եւ գայր զճանապարհս իւր, թերեւս յաւազակութենէ: Իսկ ձին յորում հեծեալ մեծ հասակաւ, եւ էր գունաւոր, գնացող, մինչ զի ի բացէ տեսանէր եպիսկոպոսն Յոհան զձին, մեծապէս զարմացեալ ակնկառոյց լինէր:

Ապա իբրեւ եկն մերձեցաւ հեծեալն մաւտ ի նա անդր, ապա սպասեալ Յոհաննու բուռն հարկանէր զերասանակաց ձիոյն, եւ ասէր. Էջ դու վաղվաղակի ի ձիոյ այտի, զի բանք են ինձ ընդ քեզ:

Ասէ այրն. Զի ոչ դու զիս գիտես, եւ ոչ ես զքեզ, զի՞նչ այն բանք իցեն, զոր դու ընդ իս իցես խաւսելոյ:

VIII

REGARDING BISHOP YOHAN AND HIS DEPORTMENT, GREED, STUPIDITY, SENSELESS WORDS AND DEEDS; AND HOW, IN RETURN FOR WEALTH, HE TOOK ON HIMSELF [RESPONSIBILITY] FOR THE SINS THEY HAD COMMITTED.

There was also a bishop Yohan, son of the former patriarch P'arhen—if, indeed, it is proper to style him a bishop. He was a [290] hypocritical man who passed himself off as a faster and wearer of sack-cloth, never wearing shoes, though wrapping [his feet] in grass in summertime and with woven material in wintertime. His greed had no limits but he could not replace piety for God with greed. He did unworthy and unbelievable things.

One day he happened to be travelling a certain road seated on a pack animal. He encountered an unknown lay youth mounted on a horse, sword at his waist, knife in his belt, and bow and quiver on his back. He had washed, anointed, arranged and put an ornament in his hair, and thrown a cape over his shoulders. He was riding along the road, perhaps returning from some brigandage. As for the horse he was astride, it was large, colored and swift, so much so that when bishop Yohan saw the horse he was astonished and he wanted it.

When the horseman approached the place where Yohan was waiting, [Yohan] grabbed hold of the horse's bridle, saying: "Get off the horse at once, for I have something to tell you."

The man replied: "Since you do not know me, and I do not know you, what could you have to say to me?"

BOOK VI

Մանաւանդ զի այրն արբեալ եւս դիպեցաւ, եւ շատ յամառեաց այրն իջանել ի ձիոյն: Ապա բռնադատեաց զնա Յոհան, իջոյց ի ձիոյ անտի. եւ առ տարաւ զնա մեկուսի ի ճանապարհէն: Եւ առնն խոնարհիլ հրամայէր եւ ասէր. Զերիցութեան ձեռն դնեմ ի վերայ քո:

Իսկ նա տայր պատասխանի զանձնէն, եթէ այր աւազակ սպանող չարագործ եւ խառնագնաց լեալ ի մանկութենէ իմմէ, ես ոչ ինչ եմ արժանի այդպիսի իրաց, եւ այժմ դեռ ի նմին գործ կամ:

Եւ շատ ի վէգ եկեալ յամառէր այրն, եւ նա եւս չար քան զնա: Ապա բռնաբար զգետնեալ զայրն, դնէր Յոհան զձեռն իւր առնել զնա երէց. եւ յարուցեալ հրամայէր լուծանել զհանգոյցս մեկնոցին, եւ արկանել նմա աղաբողոն:

Եւ ասէր. Երթ ի գեւղ քո, եւ լիջիր դու անդ երէց գեղջն ուստի ես: Եւ անգամ ոչ գիտէր զայրն թէ յորմէ գեղջէ իցէ:

Ինքն Յոհան մատուցեալ բուռն հարկանէր զձիոյն, եւ ասէր. Այս ինձ կաւշիկք լիցին, փոխանակ զի երէց արարի զքեզ:

Իսկ այրն յամառեալ ի վերայ ձիոյն չառնոյր յանձն տալ. ապա բռնաբար յինքն հանեալ զձին, եւ զայրն արձակեաց: Եւ այս ամենայն իրքս վասն ձիոյն եղեն: Ապա այրն թէ ոչ կամաւք աղէբողոն արկեալ, գնայր ի տուն իւր, եւ երթեալ մտանէր ի մէջ ընդանեաց իւրոց:

Ասէ ցկին իւր եւ ցընդանիս. Արիք յաղաւթս կամք:

Եւ նոքա ասեն. Մոլիս դու, դե՞ւ ուրեմն հարաւ ի քեզ:

Իսկ նա ասէ. Արիք կամք յաղաւթս, վասն զի երէց եմ:

Իսկ նոքա զարմացեալ, մերթ շիկնէին, մերթ ծիծաղէին, մինչեւ բազում անգամ յամառեալք, ապա ուրեմն հաւանեցան կալ յաղաւթս ընդ նմա: Ապա ասէ կինն ցայրն իւր. Ոչ դու երախայ էիր, եւ չէիր մկրտեալ:

The man happened to be drunk, and greatly resisted dismounting. But Yohan forcibly made him dismount. He took him away from the road, ordered the man to kneel, and said: "I am ordaining you a priest."

The man replied: "I am a brigand, murderer, malefactor and libertine, have been from my childhood onward, and am still engaged in such things. I am unworthy of such [an office]."

The man greatly argued and resisted, but [Yohan] was even more persistent. Finally Yohan forced the man to the ground, placed his hand on him (making him a priest), ordered him to rise, to undo the ties on his cloak, and put on a priest's frock.

Then [Yohan] said: "Go to your village and be the priest of the village whence you come," but he did not even know which village the man was from.

Yohan seized hold of the horse and said: "This [horse] will be my gift, for making you a priest."

But the man resisted handing over the horse. Finally [Yohan] forcibly got hold of the horse and sent the man off. All of this happened because of a horse. The man who had unwillingly donned the cleric's frock went to his *tun* and entered the midst of his family.

He said to his wife and family: "Arise and pray."

They replied: "Are you crazy, has a *dew* possessed you?"

But he said: "Arise and pray, for I am a priest."

They were astonished, sometimes reddening, sometimes laughing. After refusing many times, they finally agreed to pray with him. But the woman said to her husband: "When you were a child you were not baptized."

Ասէ այրն ցկինն իւր. Ապշեցոյց, չետ յիշել, եւ ոչ ես յիշեցի զայդ ասել ցնա. զիս երէց արար, եւ զձին սանձաւ թամբաւ առ եւ անց:

Եւ ասեն ցայրն ընդանիքն իւր. Յարիցես անդրէն գընասցես առ եպիսկոպոսն, եւ ասասցես. Մկրտեալ չէի, զի՞ արարեր զիս երէց:

Իսկ նորա յարուցեալ գնացեալ առ եպիսկոպոսն, ասէ ցնա. Ես մկրտեալ չէի, զի արարեր զիս երէց: Եւ ասէ Յոհան. Սափորով միով ջուր բերէք: Եւ առեալ զջուրն էարկ զգլխով նորա, եւ ասէ. Երթ, մկրտեցի զքեզ: Եւ արձակէր զայրն վաղվաղակի յիւրմէ:

The man replied to her: "I was in a state of shock and did not recall that, and I forgot to tell him. He made me a priest and took my horse, saddle and bridle and left."

The man's family said to him: "Get up, go back to the bishop and tell him 'I am not baptized. Why did you make me a priest?'"

He arose and went to the bishop with that question. But Yohan said to him: "Bring a pitcher of water." Taking the water he poured it on the man's head, saying: "I have baptized you. Go." Thus he quickly got rid of him.

Թ

Յաղագս նորին Յովհաննու:

Երբեմն սոյն Յոհան անցանէր առ այգեաւք ուրումն. եւ էր ժամանակն զայգիսն յատելոյ: Աղաղակէր առ նա այր մի յայգւոյն, եւ աւէ. Աւրհնեա, տէր եպիսկոպոս, զմեզ եւ զայգիսս: Աւէ Յոհան. Փուշ եւ տատասկ բուսցի: Աւէ այրն. Ի մարմինդ քո բուսցի փուշ եւ տատասկ, փոխանակ զի տապապարտուց անիծանես զմեզ: Եւ եղեն նշանք յԱստուծոյ. զի իբրեւ չոգաւ եպիսկոպոսն ի վանս իւր, հասին հարուածք ի վերայ նորա, սկսաւ ընդ ամենայն անդամս մարմնոյ նորա որպէս զփուշ հարկանել: Եւ մեծապէս շտապեալ անկեալ ի տանջանս չարաչարս հարուածոց, եւ ի մեծ տագնապի կայր աւուրս բազում: Ապա յղեաց կոչեաց առ ինքն զայգորդն, աղաչեաց զնա առնել ի վերայ նորա աղաւթս, զի փրկեսցի նա ի ցաւոցն: Այգորդն աւէր. Իսկ ես ո՞վ եմ, զի կարեմ զոք աւրհնել կամ անիծանել. թող թէ զայր եպիսկոպոս: Իսկ նա բռնադատէր զնա յայնժամ. մինչեւ յառնէր այգորդն կայր յաղաւթս եւ աւէր. Տէր Աստուած. դու գիտես զի ես այր մեղաւոր եմ եւ անարժան, ոչ գիտեմ զաղմուկս յորում ըմբռնեցայս. դու փրկեա զիս յայս ի չարէս, զի աւեն թէ զայր եպիսկոպոս դու անիծեր, եւ աւեն քո բանիւ եղեւ: Զի լաւ էր ինձ մահ. քանզի չգիտեմ զայս զոր ինչ զինէն աւեն: Եւ զայս ասացեալ անդէն բժշկեցաւ եպիսկոպոսն, եւ սկսաւ յամենայն մարմնոցն փուշն ի բաց թափել. եւ էր իբրեւ զփուշ խոտոց. վաղվաղակի յարուցեալ ողջացաւ յախտէն:

IX

MORE ABOUT THIS SAME YOHAN.

Once Yohan was passing by some vineyard during pruning time. A man in the vineyard cried out to him: "Lord bishop, bless us and the vineyard." Yohan replied: "May thorns and thistles grow." The man said: "May thorns and thistles grow on your body for unjustly cursing us." A sign from God took place. For as soon as the bishop reached his dwelling place, torments were visited on him. [Protuberances] resembling thorns appeared on all the limbs of his body. He was in great, wicked torment and crisis for many days. Finally, he summoned the vineyard-worker and begged him to pray over him, to save him from the pains. The vineyard-worker said: "Who am I to be able to bless or curse anyone, to say nothing of a bishop"? But [Yohan] pressured the vineyard-worker until he got up and prayed, saying: "Lord God, you know that I am a sinful and unworthy man and I do not understand the confusion I am involved in. Save me from evil, for they say: 'You cursed the bishop and this happened because of you.' It would be good if I died, for I do not understand what they say about me." When he had said this, the bishop was healed. The thorns, which resembled grass thorns, began to fall off his entire body. He was immediately cured of the disease.

Ժ

Յաղագս նորին Յոհաննու:

Սոյն Յոհան եպիսկոպոս որդի Փառինայ, յորժամ երթայր առ թագաւորն Հայոց, խաղալովն զանձն իւր կրթէր յագահութեան, որում ծարաւեալ պասքեալ փափաքէր, սակայն միհանէսք այն էին նորա: Ի չորք անկեալ յոտս եւ ի ձեռս սողէր առաջի թագաւորացն, եւ զուղտու զձայն ածէր կառաչելով, զաւրէն ուղտու այնպէս փարելով: Ընդ կառաչելն ապա մի մի բան խառնելով առնէր ի ձայն կառաչելոյն, ասելով թէ ուղտ եմ, ուղտ եմ, եւ զարքայի զմեղս բառնամ. դիք ի վերայ իմ զմեղս արքայի, թող բառնամ: Իսկ թագաւորքն զմուրհակս գիւղաց կամ զագարակաց գրեալ եւ կնքեալ դնէին ի վերայ ողինն Յոհաննու փոխանակ ընդ մեղաց իւրեանց. եւ ի թագաւորացն Հայոց ստացաւ իւր գեւղս եւ ագարակս եւ գանձս յուղտն լինելոյ եւ զմեղսն բառնալոյ ըստ բանիցն: Այսպիսի էր այրս Յոհանս կապեալ յըռժգութեան եւ յագահութեան զամենայն աւուրս կենաց իւրոց. զայսպիսի գործս գործէր վասն ագահութեան, որ չէր արժան:

X

MORE ABOUT YOHAN.

This bishop Yohan, P'arhen's son, when he went to the king(s) of Armenia, would entertain them by being a buffoon for them. Through this clowning he exercised the greed for which he had an insatiable appetite, and he used [the buffoonery] to serve his own ends. He would go on all fours in front of the kings and imitate a camel, making a camel's bleating sound. While doing this he would exclaim: "I am a camel, a camel, and I will bear the king's sins. King, load your sins upon me, and I will carry them." But the kings, instead of giving their sins, would put on Yovan's back written and sealed deeds for villages or fields. So Yohan got villages and fields for imitating a camel, and all the days of his life he did such unworthy deeds because of his greed and avarice.

ԺԱ

Յաղագս Կիւրակոսի եպիսկոպոսի:

Եւ էր եպիսկոպոսն Տայոց Կիրակոս, որ Շահապ անուն կոչէր, այր ճշմարիտ աստուածապաշտ ըստ կամացն Աստուծոյ, եւ ուղիղ ճշմարտութեամբ առաջնորդէր ժողովրդեան իւրում. եւ վարէր զեպիսկոպոսութիւն իւր ըստ կամացն Աստուծոյ զամենայն աւուրս կենաց իւրոց:

ԺԲ.

Յաղագս Ջորթուազու եպիսկոպոսի Վանանդայ:

Եւ Ջորթուազ եպիսկոպոս Վանանդայ գաւառին, այր սուրբ, պարկեշտ, արժանի Աստուծոյ, արբեալ Ոգւով սրբով. Քրիստոնէութեամբ գնայր գործէր, առաջնորդէր իւրում ժողովրդեանն ըստ կամացն Աստուծոյ:

ԺԳ.

Յաղագս Տիրկան եւ Մովսէսի եպիսկոպոսաց:

Եւ էին երկու եպիսկոպոսք Բասենայ գաւառին, Մովսէս եւ Տիրիկ. արք լաւք հրեշտակակրաւնք, սուրբք, հաւատացեալք, հրաւիրմանն արժանիք: Առաջնորդէին իւրաքանչիւր ժողովրդոց ի ճանապարհին Աստուծոյ զամենայն աւուրս կենաց իւրեանց:

XI

REGARDING BISHOP KIRAKOS.

There was a bishop of Tayk' named Kirakos, called Shahap, who was an honest pious man [acting] in accordance with God's wishes. He led his people with complete honesty and throughout his life he conducted the episcopacy in accordance with God's will.

XII

CONCERNING ZORT'UAZ, BISHOP OF THE DISTRICT OF VANAND.

There was Zort'uaz, bishop of the district of Vanand, a blessed, modest man worthy of God who drank of the Holy Spirit. He worked and led his people in a Christian manner as God wanted.

XIII

ABOUT TIRIK AND MOVSES, BISHOPS OF THE DISTRICT OF BASEN.

There were two bishops of the district of Basen, Movses and Tirik. They were good men of angelic religion, blessed, believing, and worthy of the [clerical] calling. Each of them led his people on the path of God all the days of his life.

ԺԴ

Յաղագս Ահարոնի եպիսկոպոսի:

Էր զայնու ժամանակաւ Ահարոն եպիսկոպոս ի մէջ Հայոց աշխարհի. այր երեւելի եւ անուանի, քաջ առաքինի. առաջնորդ իւրոց ժողովրդոց լուսաւորապէս զամենայն աւուրս կենաց իւրոց:

ԺԵ

Յաղագս գլխաւորին եպիսկոպոսին Ասպուրակայ:

Եւ էր գլխաւոր եպիսկոպոսաց Հայոց Ասպուրակ. այր սուրբ եւ բարէպաշտաւն, երկիւղած յԱստուծոյ եւ ի մարդկանէ: Բայց ոչ ինչ կարէր յանդիմանութեամբ խաւսել ընդ ումեք. այլ ինքն ի լռութեան էր եւ ի համեստութեան ի զգաստութեան ի պարկեշտութեան ի պահս եւ յաղաւթս, յամենայն ժամ աղաչէր զաստուած: Բայց ի հանդերցն զգենլոյ՝ ըստ կրաւնիցն Զաւինայ գնայր նա. ազանէր ղամղայեալս եւ ժապաւինեալս: Բայց էր սա այր քաղցր եւ խոնարհ, բարեբար եւ մարդասէր զամենայն աւուրս կենաց իւրոց:

XIV

ABOUT THE BISHOP OF ARSHARUNIK'.

In that period lived bishop Aharon, in the midst of the land of Armenia. He was a prominent, renowned, and very virtuous man who, throughout his life, led his people in an enlightened manner.

XV

CONCERNING ASPURAK, CHIEF OF THE BISHOPS.

The chief of the Armenian bishops was Aspurak, a blessed and devout person, pious toward God and mankind. But he was unable to reproach anyone, though he himself dwelled in silence, modesty, sensitivity, and propriety, beseeching God with fasts and prayers every hour. But as regards clothing, he followed Zawen's example. He wore laced and embroidered [garments]. Nonetheless, all the days of his life he was mild, humble, benevolent, and humane.

ԺՁ

Յաղագս Գնդայ սրբոյ եւ առաքինոյ. որ էր գլխաւոր յայնմ ժամանակի ամենայն աբեղայիցն Հայոց անապատաւորացն մենակեցացն ի վաներայիցն:

Եւ էր Գինդս այս ի Տարաւն գաւառէ, եւ լեալ սա աշակերտ մեծի Դանիէլի. եւ յետ նորա էր գլուխ աբեղայից, եւ վարդապետ միանձանց, եւ առաջնորդ մենակեցաց, եւ վերակացու վաներայից, եւ ուսուցիչ ամենայն անապատաւորաց. եւ տեսուչ ամենեցուն որք միանգամ վասն սիրոյն Աստուծոյ յաշխարհէ էին մեկնեալ, ի յանապատս բնակեալ, ի քարանձաւս ամրացեալք յայրս եւ ի քարածերպս երկրի, եւ միահանդերձք բոկագնացք զգաստացեալք խոտաճարակք ընդաբուտք արմատակերք, զաւրէն գազանաց ի լերինս շըրջէին լեշկամաշկաւք եւ մորթաւք այծենեաւք, նեղեալք տառապեալք եւ տարակուսեալք, յանապատի մոլորեալք, ի ցուրտ եւ ի տաւթ, ի քաղց եւ ի ծարաւ վասն սիրոյն Աստուծոյ:

Զայսպիսի ինչ համբերութիւն առեալ կրէին յանձինս իւրեանց զամենայն աւուրս կենաց իւրեանց. զի ոչ արժէ աշխարհիս բնաւ զնոսա, որպէս եւ գրեալ է. զաւրէնս երամոյ թռչնոց բնակեալ էին սոքա ի ծագս վիմաց, ի սորս քարանձաւաց, անինչք անստացուածք անխնամք, առանց դարմանոց ամենեւին չտանել մարմնոց: Եւ էր նոցա բուն գըլխաւոր սուրբն Գինդ, զի առ հասարակ ամենայն մարդիկ երկրին Հայոց անուանեալ կոչէին սմա վարդապետ:

XVI

ABOUT THE BLESSED AND VIRTUOUS GIND WHO IN THAT PERIOD WAS HEAD OF THE ARMENIAN MONKS, CENOBITES, AND SOLITARY [RELIGIOUS] COMMUNITIES.

Gind was from the district of Taron and had been a student of the great Daniel. After [Daniel, Gind] became the head of the monastics, the vardapet of cenobites and those leading solitary lives, supervisor of the monks and teacher of all those dwelling in retreats. He was the overseer of everyone who, for the love of God, had resigned from the world and were living in retreats, secure caves and crannies—people possessing but one garment who went barefoot, eating roots and vegetables, who wandered about like beasts in the mountains wearing hides and goat-skins, the oppressed, downtrodden, doubtful, crazed in the wilderness [who roamed] in cold and heat, in hunger and thirst, for the love of God.

With patience did they do such things all the days of their lives. For, as was written, the land did not deserve them. Resembling a flock of birds, they dwelled in the crevices of rocks and in caves, having no belongings and never giving their bodies victuals. Their native head was saint Gind, for everyone in the country of Armenia called him vardapet.

BOOK VI

Բայց էին եւ ի նոցունց այլք աշակերտք, որք նմանէին իւրեանց վարդապետին եւ նորա ձեռինն, որոց անուանք այս են. Վաչակ, Արտոյտ, Մարախ, եւ Տրդատ լեալ էր սոցա ընգեր իսկ, որ առ մեծին քահանայապետին Ներսէսի էր լեալ սարկաւագապետ, եւ յետ մահուն Ներսէսի ի նոյն յառաջին վարդապետսն յանապատաւորաց դասս թեւակոխեաց: Առնոյր սուրբն Գինդ եւ զՄուշէ մանուկ ձեռասուն, հաղորդէր վարուցն մեծին Գնդայ. եւ այլք բազումք էին նորա աշակերտք հրեշտակակրաւնք, զորից զվարս ոք պատմել ոչ բաւեսցէ:

Եւ էր սուրբն Գինդ լի Հոգւովն Աստուծոյ. եւ ոյք ընդ նմա, ըստ նմին աւրինակի առնէին սոքա նշանս մեծամեծս եւ զաւրութիւնս բազումս եւ բժշկութիւնս հիւանդաց յանուն տեառն Յիսուսի Քրիստոսի: Եւ ընդ բազում հեթանոս տեղիս շրջէին յաշխարհս հեռաւորս, եւ ի սփիւռս հեթանոսաց դարձուցանէին զմոլորութիւն բազմաց, եւ զբազում մարդիկ ածէին ի գիտութիւն կենաց եւ ի ճանապարհն ճշմարտութեան: Եւ սուրբն Գինդ լնոյր զամենայն անապատս մենակեցաւք, եւ զամենայն շէնս վանաւրաւ, եւ բազում յաշխարհի ուղղեալ կացուցանէր կարգս մարդկան զաստուածեղէն կրաւնիցն: Բայց սակայն ինքն առեալ վիճակ բնակութեան ունէր զանապատն, ուստի բխեալ հոսեն ակունք Եփրատ գետոյն: Անդէն բնակեալ ընդ ծագս վիմացն, ուր յառաջու կայեանքն էին մեծին Գրիգորի առաջնոյ, որում տեղեացն Ոսկիք կոչեն. ի նոյն ծագս էր բնակեալ մեծն անապատաւորաց Գինդ: Իսկ սուրբն Մուշէ առ նմա հանապազորդեալ էր. բայց այլքն զայլ գաւառս շրջէին հրամանաւ իւրեանց գլխաւորին Գնդայ: Եւ սրբոյն Տրդատայ կայեանք բնակութեան էր ի գաւառն Տարաւնոյ, շինեալ զիւր եղբարց:

There were, however, other students of [these clerics] who resembled their vardapet. They were Vach'ak, Artoyt, Marax and Trdat, who was their comrade and had been the chief deacon under the great chief priest Nerses, though after Nerses' death he had entered the ranks of the aforementioned vardapets of the retreats. The blessed Gind took the youth Mushe as his student and taught him his ways. But he had many other students of angelic faith whose deeds no one could relate.

Saint Gind was full of the Spirit of God. Those with him, resembling him, performed very great miracles and healings in the name of Lord Jesus Christ. They circulated around many pagan places and among the pagans here and there, turning many away from error, leading many people to a knowledge of Life and to the road of Truth. The blessed Gind filled all the retreats with cenobites and all the shens with monasteries. He set up many correct arrangements for human living in the land, conforming with divine religion. He chose the wilderness for his dwelling and lived where the sources of the Euphrates river flow forth. There the blessed Gind—that great man among the desert-dwellers—resided in the very same cave as the great Gregory [the Illuminator], at the place called Oskik'. The blessed Mushe was always with him. Others circulated around other districts, by order of their chief, Gind. The blessed Trdat lived in the district of Taron, where he built his retreats.

Index

Aghuania(n), 17-19; 27; 33; 59; 123.

Aralez, 129.

Arshakuni, 175.

Artsakh, 59.

Atrpatakan (Atropatene), 7; 11; 17; 27; 33; 55; 155.

Azat(agund), 3; 11; 61; 71; 77; 101; 119; 181.

Bidaxš, 61.

Byzantine, 3-7; 13; 17-23; 27; 33-37; 41; 111;119; 123; 143-145; 177; 183-185.

Byzantium, 3.

Catholicos(ate), 97.

Caucasian Albanian (see Aghuania).

Cop'k', 49; 63; 85; 89.

Corduene (see Korduk').

Dayeak, 121; 127; 131-133.

Iran(ian), 7-27; 33-37; 41; 47-51; 55; 59; 111; 117-119; 123; 131-133; 141; 145-163; 173; 183-185.

Mardpet, 15; 41; 49; 75-77; 117.

Mamikonean, 131; 135; 141.

Mushegh (Mamikonean), 3-33; 37-41; 55-65; 75-77; 85; 101; 111; 117-131; 135-137; 143; 147.

Nahapet, 121; 131-133; 161.

Naxarar, 41; 49; 61; 75; 101; 121; 141; 145-147; 175-177; 183.

Pap (King), 3-31; 37; 41-43; 63; 69-73; 77; 97; 101-115; 119; 123-125; 137; 145; 153.

Roman (see Byzantine).

Sasanian, 47; 131.

Shapuh (Shapur) II, 11-21; 33-41; 47-53; 123; 131; 141; 155.

Shinakan (peasant), 71; 101; 181.

Sophene (see Cop'k').

www.sophenearmenianlibrary.com

SOPHENE

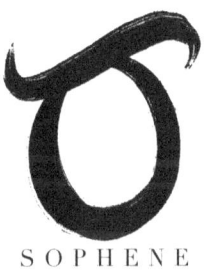

www.ingramcontent.com/pod-product-compliance
Lightning Source LLC
Chambersburg PA
CBHW021434080526
44588CB00009B/519
9781925937787